学びをつくる問いと対話のデザイン

――探究・研修・大人の学び

福島 創太［著］

学文社

まえがき　本書を手に取っていただいた方へ

この本は、学校の先生、そして企業人に向けた研修を企画設計される方々、人事の方や、研修を届けることを仕事にされている方、あるいはそうした仕事を目指されている方に向けて書いた本です。なかでも学校の先生でいえば探究学習、企業人でいえばワークショップ形式の学びに関心がある方、さらに言えば、いまやっている取り組みになんとなく問題意識があり、もっと違う何かを求めている方々に。

先生と研修設計を担う企業人には距離があるように思われるかもしれませんが、本書が探究学習やワークショップ形式の学び、広くくくると、「正解のない問いに対してグループによる対話を通して取り組む学び」づくりに関する本ということであれば、納得がいくかもしれません。

探究学習やワークショップ形式の学びの必要性が叫ばれ、さまざまな実践が広く行われるようになったなかで「本当に求められる学びが真に起きる実践とはどんなものなのか?」ということが曖昧になりつつあるように感じます。そしてそれは、探究学習、ワークショップ、それぞれの定義が非常に幅広いということに起因しています。だからこそ我々はいま、「つまるところ探究学習やワークショップといわれる実践の〝何の要素〟が大切なのか? そしてそれはどうしてか?」ということを考える必要があります。

「探究学習やワークショップ形式の学びがなぜ大切か?」ということが語られることはあっても、定義自体が幅広いこの学びの方法の、何の要素が重要なのか? その要素を押さえるためにはどうすればよいのか？　ということは、あまり語られることがありません。

探究学習やワークショップ形式の学びを定義することではなく、今日の社会状況を踏まえ、これらの学びの方法に含まれる多様な要素の中の最もコアとなる部分は何なのかということを押さえること、そしてそのコアを押さえて学びの場をデザインできるようになることが、いま必要なことだと考えます。

それでは改めて。

――「人は学ぶ」ということの可能性を諦めないすべての方へ

福島　創太

目次

まえがき　本書を手に取っていただいた方へ………… i

序　章　いまの時代に学びを届けるということ………… 1

第Ⅰ部　いま、どんな学びが必要なのか？

第1章　改めて、なぜいま学びの必要性が叫ばれるのか………… 10

学び大改革時代　10

もう一つの変化　16

私たちに求められること　23

第2章　学びの場をデザインする前に――本書が扱う学びと理論的根拠………… 32

学び・教育に関する見取り図　33

デザインと学び観・教育観のズレ　37

テーマとデザインの距離　39
本書が扱う〝学び〟　41
問いと対話による「学び観の拡張」と「主体性の発露」　49

第Ⅱ部　学びの場をどのようにデザインするか？

第3章　三段階の問いと対話の構造……56
前提を整える　56
三段階の問いと対話の連関構造　59
「活動」と「学び」の関係　63
どんな人に学びを届けるか—ニーズをとらえる　68
どんな学びを届けたいか—意図を紡ぐ　73
コラム1　学びの意図と評価　81

第4章　問いの力……82
問いの機能　82
何が問いの機能を作動させるのか？　87
問いのリストを考える三つの軸　91

「ゆらぎ」を生み出す三つの問いの観点　98
コラム2　学習ループと問い　106

第5章　対話の魅力……107

対話の機能　107
何が対話の機能を作動させるのか？　111
〝聞く〟ということ　116
〝違う〟ということ　121
結論を出す必然性　125
おわりに――設計者の意識、学び手の意識　127
コラム3　問いと対話以外のデザイン――グラウンドルールと環境のデザイン　131

第6章　問いと対話のデザイン……132

体験のデザイン　134
対話・思考・感情のストーリー　135
仮置きと磨き込み　137
三つ目の問いと対話のデザイン　139
三つ目の問いに向かう準備　143

認知的レディネスと集合知　144
動機づけ的レディネス　145
問いと問いの組み合わせの工夫　151
一つ目の問いと対話　156
二つ目の問いと対話　160
考える手がかり　164
問いの表現デザイン　166
全体のバランスを踏まえたチューニング　171
三段階の問いと対話の構造の使いどころ　175
コラム４　三つの問いを考える観点、フレーム　178

第7章　学びの場をどのように届けるか？……179
学びの場における役割　180
主体的学びが生む「隷属する主体性」と「忖度力」　183
オートロックのパノプティコン　185
真に〝私〟として学べる場のために　186
学び続ける人こそが学びを届けられる　190

あとがき……195

序章 いまの時代に学びを届けるということ

「人は学ぶ」、この事実が世界を大きく進歩させてきた。人がただそこにいるだけでは解決できない難題、何から手を付けていいかさえわからない困難に取り組み、人類が進歩、発展の道を見出すことができたのはひとえに、人が学ぶことができたからだ。知らなかったことを知る、できなかったことができるようになる、わからなかったことがわかるようになる、そんな変化を人が、自分自身で、あるいは他者や環境とのかかわりあいのなかで自らに起こすことで課題を解決したり、新たな価値を創造したりしてきたのだ。

一方で、そうした人間の可能性の力を疑いたくなるようなことが起きてきているのも事実だ。新型コロナウイルスの発生前にタイムスリップしたとしても、その発生を、あるいは爆発的な流行を人間が完全に止められたとは思えないし、頻発する大規模な自然災害とその甚大な被害は人間の力ではどうしようもなく思える。人間の手で起きている戦争でさえ、複雑に絡み合った人や集団の思惑のなかでは、止めることが絶望的に難しいというのが目の前の現実だ。そんななかに、生成ＡＩなんてツールが出てきて、どうしようもなさそうな課題や疑問を文字にして打ち込むだけで、すぐに実現可能かはともかくとして、コンマ何秒で解答を示してくれる。

そんな時代を見据えてか、教育の本丸ともいえる学校では、2020年前後から大きな改革が進められてきた。高大接続改革、小学校での英語、プログラミングスタート、アクティブ・ラーニング、探究、さまざまに行われる学校改革は「明治維新以来の改革」なんて呼ばれたりもした。「社会が変われば学校も大きく変わる必要がある」、その論理には一定の妥当性があるが、いま起きようとしている変化に見合う取り組みと言えるのだろうか。「リスキリング」という言葉が注目され始めた企業人の学びにおいても同様かそれ以上に大きな疑問がある。「新しく生まれた仕事、これから生まれる仕事に必要となるスキルを定義して、そのスキルを身につけるために学ぶ」、今後の社会の変化を見据えたときに、そういったスキルの育成は、いったいどの程度有効なのか。

人知を超えた課題の発生と、人知を勝手に統合してくれるツールの誕生は、あるいは「人間が学ぶことの意味」それ自体を問うているのかもしれない。

そんな時代においてもなお、「人は学ぶということの可能性」を諦めないとしたら、私たちはどんな学びを紡ぎ、そして人に届けるべきなのか。あるいは、次世代に、人に、なぜ学びが必要であると説き得るのか。

いまの時代を生きる「学び」にかかわるすべての人に突き付けられた壮大な問いであろう。この本は、この問いに対する筆者の仮説であり、その仮説を現実のものとするための方法を記した実践書である。壮大すぎる問いに立ち向かうには甚だ力不足であると自覚する一方で、一つ一つの仮説が未来をつくると信じてもいる。さらにこの仮説は何もないところで空想した絵空事ではない。筆者は東京大学大学院教育学研究科博士課程において、行政文書などを手がかりに、ここ数年の教育改革に連なる議論の変遷、国および専門家が社会と教育の今後や、教育それ自体についてどんなことを考えているのかを追いかけてきた。同時に2016年に教育と探求社という会社に入り、8年間でさまざまな学校向け教育プログラムをチームと開発し、世に届けてきた。このプログラムをとおして学んだ中高生はのべ55万人を超え、今では全国40以上の都道府県、約500の学校で年間10万人が学んでいる。そこで培ったノウハウを元に、全国の先生や管理職、指導主事向けの研修を開発し、8年で1000人以上が学び、先生方が各自治体、各学校、各教室で学びを生み出すことに寄り添わせてもらってきた。会社や社会に変革を生み出そうとする社会人や人事担当者に向けた研修の開発にも取り組み、届けても来た。うまくいったこともあれば、思いどおりにいかなかったこともある。

ただそんな機会が多くの気づきと発見と、可能性を見せてくれた。

――

自由だなと思いました。可能性は無限で周りを受け入れてまたさらに自由が広がる。そんな風に感じました。自由に生きることで周りを受け入れられる余裕が生まれる

楽しみながら。受け入れながら。

可能性を信じて、自由に生きたい。私たちは宇宙より自由だ。

――

この文章は、私たちが開発した教育プログラムに取り組んでくれた沖縄のとある高校生が授業の最後に書いた振り返りである。沖縄県が学力において厳しい状況であることは知られているが、家計を助けるためにアルバイトをする高校生が多かったり、不登校数や非行など、データからは全国的に見て困難を抱え

る若者が多いこともうかがえる。彼女が通う学校も、困難を抱えている生徒が少なくない学校だった。驚くのは、彼女が取り組んだプログラムが「社会課題解決に取り組むプロジェクト型学習（ＰＢＬ）」だったことである。キャリアや進路、あるいはダイバーシティといったテーマではなく、自ら困っている人を見つけ、社会課題としてそれをとらえて解決策を考えプレゼンにまとめる、その営みを通して彼女は、自分たちが自由であることに気づいたのだ。可能性は無限であるということ、自由に生きることが周りを受け入れることにつながるということに気がついたうえで、可能性を信じて自由に生きるということへの願いが彼女に立ち上がったのだ。涙が出るほどうれしかった。

社会課題解決に取り組む教材であれば、彼らが考えた企画が本当に社会課題を解決しうるものなのかということや、問題発見力、企画力、少なくとも、社会課題への関心が高まったか、ということが、この教育プログラムがうまくいっていたかを測る指標となるだろう。しかしそんなことにどれだけの意味があるというのだろうか。いや、意味はあるのだ。大いにある。ただ、自分自身の可能性を信じたいと思えること、加えて言えば、この世は生きるに足る世界であると、世界の可能性を信じたいと思えることに比べたら、どれだけの意味があるだろうか。自分が自分の可能性を信じ、他者や世界の可能性を信じ、その可能性をいまよりも広げるために「学べる（あるいは学びたいと思った）」としたら、そこから人生を通して社会課題への関心はもちろん、問題発見力も、企画力も、真に社会をより良くする企画も、その学びに連なって発生していく可能性は大いにある。それだけに便利で情報の溢れた世界を我々は生きている。これまで日本を代表する企業の人事や経営企画の方々に研修したり、偏差値も高く先進的な取組みをする学校にもプログラムを届けてきた。他方教育に限らず、さまざまなリソースから遠く離れた山奥の分校や、中学時代さまざまな理由で学校に行かなかった子たちが多く集まる元炭鉱の町の定時制高校などでも、自分たちが開発したプログラムが取り組まれる場面を見てきた。新たな企画や事業が生まれるか、どれほどのスキルが獲得されるか、という点には、学び手の置かれている状況も影響したが、自分自身や世界に対するとらえ直しや価値観、世界観の変容は、それをどの程度自ら言葉で説明できるかはともかくとして、さまざまな場面で出会うことができた。そして、そうした学びを生み出すことにこそ価値があると、学び手が教えてくれた。もちろん、プログラムでできることはごくごく限られており、彼ら自身の学ぶ力、そして日常的な環境の影響が何より大きい。それでも、何かそこに寄与できていることが学びの場にあるとしたら、それは何か。そのことには、丁寧につかまえてカタチにし、展開するだけの価値があるはずだ。

急いで付け加えると、筆者がこれからするのは、「やる気」や「意欲」、あるいは「夢をもつ」、「ビジョンをもつ」といったたぐいの話ではない。学び手が自分の可能性、世界の可能性にふれ、その広がりを体感すること。その可能性に自分で働きかけることの面白さや喜びを味わい、また新たな学びや成長、自己変革、そして新たな価値の創造に自ら向かっていく、という「体験のプロセス」をどうデザインするか、という実践的な話である。具体的な内容やなぜそうした学びがいまの時代に必要なのか、ということについては第2章で詳しく述べるが、そうした実感を生み出す〝学び〟が、本書が扱う学びである。学びと一言に言っても多様で、その認識も人それぞれだろうが、本書が扱う〝学び〟は知識やスキルの習得とは異なる。自身に存在するものの見方や世界の捉え方、価値観や考え方に対して、新たな視点や価値観を取り入れ、自己のアイデンティティや視点を拡げたり更新していく〝学び〟が、本書が扱っていく学びである。

そしてこの本のキーワードであり、そうした学びを生み出していくための場をデザインするために重要となるのが「**問いと対話**」である。問いと対話は相互に関連しあいながら、自身と他者（ときには学びの提供者と学び手、ときには学び手同士、あるいはその外にいる人々）に作用し、知識や発想を与えあったり、刺激しあったりしながら、それぞれの認知の枠組みの拡張を促進する。いま、生徒、学生にしろ、社会人にしろ、誰かに学びを届ける役割の人にとってはこの「問いと対話」の重要性は言わずもがなだろう。重要なことは、それを「**どうデザインするか**」ということである。

問い一つ、対話一つをとっても、その仕掛けや工夫によって生じる現象は大きく異なる。他方、学び手が「私」として学び、答えのない問いに「私」なりの答えを探求すること、「自由」や「主体性」といった、自らや世界の可能性を認識し働きかけていこうとするうえで重要な感覚を得るためには、「緻密にデザインしつくされた学び」は窮屈で、設計者が想定した現象は起こるかもしれないが、学び手に真に学びが起こるかというと実はあやしい。グループワーク一つとっても、正解のない問いにいくら取り組もうとしても、話し合いで押さえるべきポイントや道筋があまりにも明確に定められていては、届け手の想定どおりに話は進んでも、学び手は「提供者の意図」を汲むことに意識が向き、自分の頭で考える、自分なりの答えを紡ぐ、といったことにはなりづらい。そのためには学びのプロセスに「混沌を仕込むこと」が重要なのである。予定調和や提供者の意図への過剰適応に向かわぬよう、対立軸があったり、予想外が起きたりする場面を、デザインすることが重要なのだ。

他方、筆者の仕事は教材づくり、研修プログラムづくりである。つくったプログラムをファシリテーターとして届けることもあるが、自分以外の人にプログラムを届けてもらうことの方が多い。だからこそこだわるのは「再現性」である。その場に「学びを生み出す構成要素」のなかで最も重要な要素は人であり、学び手はもちろん、提供者が異なれば生じる学びは異なる。そのこと自体を筆者は素晴らしいことだと考えている。しかしながら、「このプログラムを用いることで最低限こんなプロセスを歩める」、「プログラムどおりにやると概ねこんな学びにつながる」といった基本線を太くしなやかにデザインするのも開発者の役目である。

「混沌」は、何が起こるかわからない不確実性をはらむ。一方で学びのプログラムとしての価値はある程度の「再現性」にある。その両立をどうデザインするかは、「自由」や「主体性」という感覚や新たな価値創造の体験を、学びを通してどう広く届けていけるか、という挑戦に直結している。授業や研修という営みが、「設計者からの提供」という「権威の構造」を避けがたくはらむにもかかわらず、学び手に正解や客観性のある妥当解ではなく、「学び手が自分たちらしい答えを自由に探求する」という機会を届けようとする、矛盾をはらむ学びへの挑戦にも、直結している。私がその挑戦に向かうなかで考え、そして具体的に取り組んできた学びの場のデザインとその方法をまとめたのがこの本だ。

本書の構成は、Ⅰ部とⅡ部に大きく分かれている。具体的な学びの場のデザインについて紹介していくのはⅡ部だ。Ⅰ部は、その前提を整えるための部分となる。第Ⅰ部第1章では、筆者が紹介していく学びがどうして必要なのか、ということを確認する。そこかしこで語られている「ＶＵＣＡの時代、人生１００年時代、変化の激しい時代だから学びは変わらなければいけない」、という決まり文句に、さらに一歩、二歩踏み込んだ議論を展開したい。「社会が大きく変化しているから学びが変わらなきゃなんでしょ？　知ってるよ」と言わずに、少しお付き合いいただけたら幸いだ。第2章では、そうした変化の中で「学びの場」はどんな役割を担えるのかということを教育学や認知科学の知見も踏まえて確認しながら、本書が扱う学びについて紹介したい。そしていまこの時代に新たな学びの場をデザインしていくうえで、広く展開される探究学習やワークショップ形式の学びのなかでどうして「問いと対話」という要素が重要なのか、ということもあわせて論じる。それらを受けてより具体的な方法論に第Ⅱ部第3章から入っていく。第3章、

第4章、第5章は学びの場をデザインしていくうえで押さえておくべき理論を確認する。第3章では本書が提案するコンセプトである「三段階の問いと対話の構造」を紹介し、第4章、第5章では、問いと対話それぞれについて、本書が扱う学びにおいて重要となる機能とその作動条件を考えていく。第6章では、第3～5章で示した考え方を用いて実際に「三段階の問いと対話の構造」をつくりあげる方法を示す。第7章は、学びの設計者から提供者へと意識をシフトさせ、その構えや準備について検討していく。

本書が学びの場をつくり届けようとする方々にとって「すぐに使える」助けになること、すなわち実践と試行錯誤によって紡いだ知が、誰かの実践の助けになることを願っている。同時に、今後考え続けていく問いに出会う機会、そして学びと学びの場づくりの面白さと可能性と希望に出会い直す機会になることを心より願っている。

第Ⅰ部

いま、どんな学びが必要なのか？

第1章

改めて、なぜいま学びの必要性が叫ばれるのか

これまでに類を見ないほど、「学び」ということに注目が集まっている。学校教育はもちろんのこと、社会人の学び（学び直し）にも、多くの人々の意識が向けられ、リソースが注がれ、議論がなされている。そしてその議論は得てして、既存の学びに対する不安、疑問、不信と、新たな学びへの期待からはじまる。まずはどんな変化が実際に起こり、その背景には何があるのか、確認しながらいま本当に必要な学びについて考える前提を整えたい。

学び大改革時代

変化が求められる学び

学校教育において2020年前後から大きな改革が続いているのはご存じのとおりだろうが、「学びの大改革」の波は社会人にも押し寄せている。「リスキリング」というキーワードはその一つの象徴だ。2020年の「ダボス会議」で、「2030年までに地球の人口のうち、10億人をリスキリングする」と宣

言されたところから注目が集まったが、日本でも2021年2月より経済産業省が開始した「デジタル時代の人材政策に関する検討会」のなかで「デジタル時代の継続的なスキルアップ」として検討されたり、2022年5月には東京都が「DXリスキリング助成金」を設置するなど、行政からも大いに注目されている。数年前は「リカレント教育」や「アンラーニング」といったフレーズをよく耳にしていたが、世界的にみて圧倒的に大人が学ばない国といわれる日本においても（そんな日本だから？）[1]社会人になってからの「学び（学び直し）」を求める声は大きくなっている。そしてここに列記したキーワードの周辺には必ず「VUCAの時代」、「人生100年時代」といったフレーズが並ぶ。「変化の激しい時代をこれまでの人類より長生きする（長く働く）社会人は、学校教育から離れた後も学び続ける必要がある」、ということだ。

この文脈は、学校教育における改革とも共有している。工業化をすすめるなかで大量生産、大量流通、大量消費、そのための一般化、普及を推進してきた近代の日本において「工業社会に資する人材育成」を重視してきた学校教育が資質・能力の三つの柱（「知識および技能」、「思考力・判断力・表現力」、「学びに向かう人間性」）を「主体的・対話的で深い学び（アクティブ・ラーニング）」によって育むべし、としたのは、社会の変化が背景にある。教育方法学を専門とする松下佳代は、従来の学力の範疇に収まらない能力（主に三つの柱でいうところの「知識および技能」以外）を〈新しい能力〉と呼び、そうした能力が初等中等教育から高等教育にまで日本に限らず世界中で普及した背景には、グローバルな知識経済の下での労働力要請があると説いている。[2]当然と言えば当然に受け取られるかもしれないが、社会の大きな変化の中で、必要な人材像が変化し、そして人材を育成するための学びにも変化が求められているということが、社会人および次世代における学びの大改革への要求につながっている。

では、変化の激しい時代を長く生きていくうえで必要な「学び」とは改めてどんなものなのだろうか？

変化する社会のなかで必要とされる学び

「今後10年～20年の間に米国の総雇用者の約47％の仕事が自動化され消失するリスクが高い」とオックスフォード大学のマイケル・オズボーンが主張してからすでに10年が経ったわけだが、ChatGPTの出現はそのリアリティを著しく高めている。アメリカの発明家であり実業家でもあるレイ・カーツワイル氏らが「シンギュラリティ」（自律的人工知能が人間の知能を超える転換点のこと）を予見したとき同様（あるいは産業革命のときと同様）、「今ある仕事がなくなる危機感」と「新たな学びの必要性」はセットで語られがちだ。リスキリングという概念も「新しい職業に就くために、あるいは、今の職業で必要とされるスキルの大幅な変化に適応するために、必要なスキルを獲得する／させること」（「デジタル時代の人材政策に関する検討会」より）とされており、社会の変化の中で今生まれている、あるいは今後生まれていく職業において必要なスキルの獲得のための学びが意図されている。

「社会人に必要な学びはそりゃそうだろう」と思うかもしれないが、少しさかのぼると、もっと広い視野で社会人における学び直しが語られていた時代がある。それを象徴したのが「生涯学習」というフレーズだ。この言葉は１９６５年、ユネスコの第３回成人教育推進国際委員会で成人教育長を務めたポール・ラングランがワーキングペーパーで「生涯教育」として初めて提示したとされるが、ラングランは１９７０年に出版された『生涯教育入門』のなかで、「伝統的な教育の単なる延長ではなく芸術、スポーツおよび市民教育とともに資格修得学習、教育訓練、再教育に関するさまざまな可能性を提供することでもある」と説明している。しかし時を経るごとに世の中の関心は生涯学習（職業に閉じない社会人の学び）から、リスキリング（職業に閉じた社会人の学び）へと大きく移っていった。[3] また昨今の行政の方針を見ると「生涯学習」においても、職業に関連したスキルアップが強く意識されていることがわかる。[4] 当然ながら企業も非常に注目しているわけだが、国家、市民にとっても、大人の学び（学び直し）の焦点は、「新たな職業において活かせる知識、スキル」に集中し、人的資本論的な考え方が強化されていっていることがわかる。

起こりうる未来

これから起こっていく変化のために求められる人材像が変化し、学びも変化が求められているとしたら、我々が直面する「変化の激しい時代」とは一体いかほどのものなのか、ということが問題となる。21世紀中に1.5〜2.0℃気温が上昇することが予想されていたが、ここ数年夏が来るたび（というかいつからいつまでが夏かもはやわからない）に、世界中の人々がそのリアリティを体感していることだろう。そしてその気温上昇が何をもたらすかということも、身をもって体験した。新型コロナウイルスは収まりつつあるが、北極圏の永久凍土が温暖化によって融け出すと未知のウイルスや病原菌が世界に拡散し、「第二、第三のコロナ」あるいはそれ以上の事態になっていくリスクがあるという予測もある。２０５０年には世界的な人口増により食糧需給のひっ迫は必須の状況になると予想されているし、世界人口の約半分（47％）が水不足に陥るとＵＮＥＳＣＯが予想したのはたった5年後（２０３０年）のことである。毎年のように自然災害が各地で発生する日本だが、それらをはるかに超える被害とも言われる南海トラフ地震の30年以内の発生確率は70〜80％（マグニチュード8〜9クラスの地震、２０２０年発表）、冷静に見て決して低い数字ではない。

アンコンシャスバイアスから逃れられない我々人間は得てして、「絶対起こる未来」、「起こってほしい未来」については考えるが「起こりうる未来」を意識することが苦手だ。しかしながら起こりうる未来のリスク、しかも科学的にみても発生確率が決して低くないリスクでさえ、あげだせばきりがない時代を生きているのがいまの我々だ。

リスキリングの必要性の背後にある未来予測が日本において深刻であることは事実だ。日本が抱えている技術的失業問題の深刻さを裏付けるデータやランキングはたくさん存在する。(5) そうしたデータからは「新しい職業に就くために、あるいは、今の職業で必要とされるスキルの大幅な変化に適応するために、必要なスキルを獲得する／させること」の必要性は大きいように見える。

一方で、「変化の激しい時代」を思うと、この考え方自体が変化に適応できていないようにも思える。もう少しストレートに言うと、変化の激しさや予測の不可能度合いからすると、そこから導出される必要なスキルや人物像はあまりにも脆弱に思える。

「労働力要請に直結する学び」を考えても、少し視野を広げれば想定すべき状況は異なる。日本の労働力人口、労働力率はこれから低下の一途をたどるとされる。(6) また、どんな「労働力（スキル）」が求められるかについても、ＩＴ業界からのニーズの高さは続く可能性も高いが、企業間の競争は激しく、(7) 各企業のサービスはそれぞれに異なるし当然求められる人材像、スキルも変わる。「リスキリング」が背景とするテクノロジーの進化、ＤＸを踏まえても、人材に求められるスキル自体が高速で発展、陳腐化していくことはほぼ間違いない。ChatGPT を活用したことのある方ならわかるだろうが、生成ＡＩが圧倒的スピードで進化する時代においてはツールによる労働への代替可能性は圧倒的に高まるだろう。そうした激しい変化のなかでは、「求められる学びの変化」の物語において前提とされる「上を目指す物語」自体の限界を感じざるを得ないし、価値観自体の転換の必要性も大いに感じる。

もちろん、だからといって新たな仕事に求められるスキルが必要ないということを言いたいわけではない。言いたいことは、「数年後に必要となるであろうスキルを誰かが想定してそれを身につけさせる」という営みが、いま最も必要なことなのか、ということである。「起こりうる最悪の未来が現実となったらもはや誰もどうしようもないじゃないか」と思いたくもなるが、そんな事態への対処は非常事態に備える訓練を超えて、生きているうちにほぼ確実に発生する出来事への当然の準備として、考えていく必要がある時代だ。そんななかで、「新たな職業において活かせる知識、スキル」をしかも誰かに設定してもらい、機会を提供してもらって学ぶだけで足りると考えるのはどう楽観的に考えても難しいように思える。

脱魔法の杖化

学校で行われる次世代教育ではどうだろうか。大学入試改革では、英語においてより実践的なスキルともいえる4技能が重視され、初等教育段階から英語教育に加えてプログラミング教育もはじまり労働力要請につながるスキルの育成は注目されている。しかし学校改革の本丸はもう少し視野が広い。今回の改革の一つの目玉でもある探究学習に関する行政文書や専門書では、「21世紀型スキル」「キーコンピテンシー」が求められていること、それらを身につけるためには探究学習が有効であるという文脈が必ずと言っていいほど語られている。それらには、リスキリングで見られるような、「新たな職業において活かせる知識、スキル」の範疇からはだいぶ広い、資質や構え、人間性などの涵養の必要性も含まれており、次世代教育においては、より大きな社会の変化と、社会に出るまでの猶予を踏まえた必要な学びの検討がなされているようにも見える。

しかし一方で、その幅広さにも問題が潜んでいる。冷静に見てみると21世紀型スキルもキーコンピテンシーも、その中身は非常に多様だ。教育社会学者の苅谷剛彦は、社会からの過剰なまでの教育への期待に対して教育がさまざまな問題を解決できる「魔法の杖」のように見なされていると指摘した(8)(教育の魔法の杖化)が、いまでは「探究学習の魔法の杖化」ともいえる状態になっている。これは社会人研修におけるワークショップにも同じことが言える（ワークショップの魔法の杖化）。ワークショップ形式の研修をすれば、社員の主体性や創造性、協働性が育まれると考えて研修を探す企業は多い。そうした事情からか、探究学習をアンブレラ・ターム（包括的用語）、ワークショップは「家族的類似」であるとされ、その定義や形態は非常に多様なものであることがもはや前提のこととされつつある。定義が難しいなかで、世の中では非常に幅広い実践が行われている。そのどれしもに学びの可能性があるだろう。しかし、あまりにも幅広い狙いをもってつくられた（つくらされた）学びの場では、何が目指されているのかわからなくなるリスクもある。「全部のせ」は結局提供者の徒労と学び手の学びへの興味の消失につながりかねない。昨今、「探究疲れ」「対話疲れ」という言葉も聞こえてくるが、こうしたことと無関係ではないだろう。多様な実践の中には、21世紀型スキルやキーコンピテンシーに掲げられた資質・能力をまるっと育むことができそうなものも確かに存在する。しかしそれは、〝探究学習だから〟ではなく、〝そのようにデザインされている探究学習だから〟、に他ならない。

もう一つの変化

いま本当に必要な学びを考えていくうえでもう一つ、ここまでとは別の視点から、いま起きている大きな変化を見ておきたい。それは学び手（中高生に留まらず、社会人も）の日常体験の変化である。社会の変化は「学び終えた後に生きるマクロな世界」だけに起きているわけではなく、学び手が「いま生きているミクロな世界」にもすでに起きている。そしてその変化に意識を向けることは、「これからどんな学びが必要なのか」という観点からはここまでの話と同じか、あるいはそれ以上に重要なことである。

「いいね文化、スルー文化」

ある高校の先生が「あいつらは〝いいね文化〟〝スルー文化〟で生きているからね」と言っていた。PBL型の学び（「問題解決型学習」、「課題解決型学習」。問題解決を通してさまざまな資質、能力を育む学習。）に取り組む生徒たちの話し合いが一切盛り上がらない状態をとらえて発した言葉だ。背景にはさまざまな要素があるだろうが、一つは彼らのコミュニケーションスタイルと、それを規定する慣習に起因する。

例えば今の高校3年生（18歳）を例にとると、Facebookは1歳、Instagramは7歳、LINEは9歳の頃、X（Twitter）に至っては生まれる前から存在し（いずれも日本でのサービスリリース）、SNS利用率は実に98％を超えるという調査もある。[9] そんなSNSにおいて最も多く行われるアクションは「いいね」を押すこと、あるいはスルーする（何もしない）ことだ。個人間、グループ内で直接的なコミュニケーションを行うLINEやInstagramのDM（ダイレクトメッセージ）にはスタンプ機能があり、そのスタンプを押すアクションの多くは「いいね」（共感や合意）を示し（その反対に既読スルー、未読スルーはノーリアクションを超えて無関心や拒絶の意思表示とも受け取られる）、スタンプに含まれる簡素な意思表示によってコミュニケーションが進んでいくことも少なくない。「いいね」ボタンやスタンプは、返信やコメントといった文章を用いるコミュニケーションに比して圧倒的に簡単だ。ただそこには「何がいいのか？」、「なぜいいと思ったのか？」といった厚みは存在しない、あるいはどの程度〝いい／ダメ〟なのか判断もつきづらい。

授業でのグループワークに発言が全くないわけではないが、誰かの発言に「いいね」かスルーが示され、キャッチボールにならない。何かを受け取って深めたり問うたりしない。とにかく素早いリアクション（ノーリアクション含む）が飛び交う。こういったコミュニケーションを見て、SNSでのコミュニケーションスタイルがツールの外にしみ出し、彼らの日常生活に充満していることを〝文化〟というワードを使って表したのが「〝いいね文化〟、〝スルー文化〟」という表現だった。そのフレーズに現れる彼らの生活空間、生活世界から見て取れるのは「即時リアクション（即レス）」の重要性と一種の思考停止である。

そうした習慣が根付いているのは中高生だけではない。我々社会人も、電車に乗ると多くの人がスマホを開いて動画やSNSやら漫画を眺めている。例えば同僚にメッセージを送ろうとFacebookを開いたものの、流れてくる投稿に目が奪われ、「気づいたら何分もたっていた」、「何のためにアプリを開いたか忘れた」、といった経験が全くないという方は少数派ではないだろうか。意識や思考がツールに奪われ、仕事や取り組もうとしていたことさえも忘れ没頭してしまっている姿にも、思考停止の姿が見える。

アテンション・エコノミー

こうした日常体験の変化は、現代を生きている我々の気分や感覚によって引き起こされているのではなく、避けがたい大きな力学によって生まれている。

「アテンション・エコノミー（関心を競う経済）」という言葉をご存じだろうか。人の注意や関心といったアテンションをまさに商品としてSNSなどのプラットフォーマーおよびコンテンツ提供者が奪い合っている状態のことを指す言葉で、現代社会の基盤の一つと言われる。この言葉自体はアメリカの社会学者マイケル・ゴールドハーバーが1997年に提唱した言葉だが、インターネット、スマートフォン、そしてSNSの広がりのなかで、その状況が圧倒的なスピードで進展している。上述のとおり、日本においても多くの人々がSNSを利用しているわけだがそのほとんどが無料なのは、広告収入によるビジネスモデルだからだ。インターネットを通して、商品やサービスの広告を表示するだけでなく、どんな人が何に興味・関心を抱いたかという情報が収集され、記録される。そしてそれらを基にプラットフォーマーは、データを売るなどしてビジネスを展開する。その構造の中で、コンテンツ提供者、そしてその背後にいるプラットフォーマーは、あの手この手で人々のアテンションを現実世界から手の中の小さな画面に収奪しようとする。スロットのような遊戯マシンのインターフェースデザインに精通した人材の価値がアメリカ西海岸で大いに高まっていたことがあったが、それは、パースエーシブデザイン[10]（説得的デザイン）をスマートフォンやアプリにいかに取り入れるか、ということが企業の戦略として重視されていたからだ。依存症になるほどにユーザーをハマらせるデザインノウハウをスマートフォンやアプリに組み込むことが模索されてきたということだ。アプリの通知を赤色のバッジにすることから、無限にスワイプし続けさせるためにスワイプしてみないと次に何が表示されるかわからない画面遷移の仕組みまで、学術的な知見もふんだんに用いて、人々の意識が画面から離れないように設計されている。人間の注意には「自発的注意」と「非自発的注意」があるとアメリカの心理学者ウィリアム・ジェームズがいったのはもう1世紀以上前の話だが、自分の意志や目的に基づいた意識的な選択によって注意の対象をコントロールする（自発的注意）だけではなく、人間は自分の意志に関係なく外部からの刺激、予期せぬ出来事、緊急の情報、そして魅力に注意が引き寄せられる（非自発的注意）。そしてこの非自発的注意は危機回避や緊急の対応とともに、新たな刺激や情報への瞬時の対応を実現し、人間の動物としての本能とも関連していると言われる。非自発的注意は、自発的注意に比べて労せずして対象に注意が引き寄せられるという特徴もある。つまり人間の本能から考えても、「スマホを見続ける」という行為は〝コスパが良い〟現象と言える。

つながる世界、閉じた世界

加えて、SNSで人々は自分の興味関心に基づいて他のユーザーをフォローし、逆に関心が薄れたりネガティブな印象を持ったりしたらフォローを外す、というアクションを繰り返すことで自身と似た考えの人に囲まれ、発信には共感的なリアクションがかえってきて、フィードには共感するような情報があふれていく。この現象は、閉じた部屋で音が反響することになぞらえて「エコーチェンバー」と呼ばれるが、世界中とつながっていると感じながらも、共感的な言葉に囲まれ、関心の近い人々とのコミュニケーションを続けることは非常に魅力的な時間となるだろう。また検索履歴やクリックの履歴を分析、学習し、ユーザーが「見たい情報」が優先的に表示され、逆にユーザーが望まない情報からは隔離されるようなアルゴリズムが、我々が利用するインターネット環境では機能している。そうしたインターネット空間はユーザーにとって便利で心地よい空間となり、時間や意識がそのなかに集中していくのも無理はない。一方で、自身の価値観や考え方の「バブル（泡）」のなかで孤立するこうした状況を「フィルターバブル」と呼ぶが、小さな部屋でしかも泡に囲まれたごくごく限られた空間のなかで情報の受発信を行っているのがインターネットやSNSを利用する我々の実態なのかもしれない。インターネットが発明されたとき世界中がつながることが期待され、SNSはさらにその可能性を促進すると思われた。確かに、そのような側面もある。だからこそ、「世界につながっている」と勘違いしながら、閉じた世界のなか、同質性の高い価値観や集団のなかで、驚きや意外性、違和感のない情報が世界のほとんどの情報だと思いながら、それぞれが島宇宙化[11]した世界を生きていっている。

そしてこうした状況を駆動しているのは、誰かの悪意でもなければ個人の思想でさえないかもしれない。資本主義という巨大な仕組みの中でテック企業がビジネスを成功させるために行っている単なる企業努力の一つのあらわれという側面が大きいのだ。「破壊的イノベーション」の中心地であるシリコンバレーの巨大テック企業やスタートアップ企業に多くの人材を送り込むスタンフォード大学で、倫理教育を主導する三人の教授が過度な技術偏重への問題意識をもって記した、『システム・エラー社会』（ロブ・ライヒら著、小坂恵理訳、NHK出版、２０２２年）という本がある。副題は「「最適化」至上主義の罠」だ。エンジニア、あるいはテクノロジストとして働く人々は、新たな技術力を身につけ、「与えられた問題を最短時間で解決するか、またはコンピュータのメモリや処理能力をできる限り使わずに解決すること」（55頁）を役割（使命？）とし、達成すべき目標ではなく達成するための方法に意識を向ける。テクノロジストが志向するこの独特な「最適化」の考え方は瞬く間に一般的な生き方の指針になり、その結果、本当に取り組むべき問題が見失われたり、価値が損なわれたりしながら、一人一人のウェルビーイングや民主主義社会の健全性を損なう事態につながっていることに、彼らは警鐘を鳴らしている。しかしながら「最適化」こそがテック企業で働くテクノロジストおよびエンジニアのマインドセットであるとも指摘する。ゆえに、ちょっとやそっとじゃ変わらないし、変えようとも思っていない。そうした人材が支える、あるいは経営を担う企業がビジネスセクターにとどまらず、世界的な影響力をもっているということは、もはや自明なことともいえる。資本主義の特徴（自由競争や利益至上主義、経済成長）を強調したハイパー資本主義といった考え方もでてくるようなこの時代においては、その動向はとどまるよりも大きく進展する可能性の方が大きい。そうしたマインドセットのおかげで我々の生活が圧倒的に便利になったり、解決された課題もたくさんある。一方でその取り組みが生み出した負の側面にも目を向ける必要がある。

資本主義と人間の本能の共犯

現代を「消費社会」と指摘したフランスの哲学者ジャン・ボードリヤールの言うとおり、情報にはいくら受け取っても満足に至らないという特徴がある。情報発信のメカニズムが、資本主義の後押しを受けて閉鎖的で心地よい情報の発信を無限に駆動し、情報を受け取る側もそれを無限に欲しがり続ける共依存関係が成立するSNSおよびインターネットに現代人は非常に多くの時間を費やす。そうした行動習慣は今後も強固に続いていく可能性が高い。資本主義という歴史上稀に見る強固な力学と、人間の本能の共犯の結果と思えば、人間が手元の小さな液晶から目を離せなくなるのを止めることがいかに難しいかがわかる。

いつも納得したり共感したり、興味を持てる情報だけに囲まれていれば「いいね」を押すことはもはや思考を介さずにできる作業と化す。「いいね」と思えるコンテンツにしかほとんど出会わない（出会えない）世界を生きる人々にとって、「そう思えない情報」は世の中の少数派であり、はじいて問題ないものに映る。自身の価値観や考えとは相いれない発言や情報の真意や背景、自分の考えとなぜ違うのか？　といったことを考える場面は発生しえない。現実世界には、残酷な出来事や取り組むべき課題が山ほどあるが、自分たちにとって「最も身近で最も世界につながれる（と思い込んでいる）ツール」から見える世界が自身の共感内に閉じてしまっていては、そういったアラート自体が脳内に入ってこないし、疑いを持たないのも無理はない。

そうした日常体験には「なぜいいのか？（何がいいのか？）」や「いいねと思わないのはなぜか？」という思考と言語化の機会が不在だ。世界に関心を向けるセンサーも、使われなければどんどん摩耗していくだろうし、世界に関わっているという主体感覚が欠如していくことも避けられない。

やや議論が多岐にわたったが、ここまで紹介した社会の変化を通して伝えたいことはこうだ。社会人の学び（学び直し）において求められているのは「新たな職業において活かせる知識、スキル」だが、そうした新しい職業が生まれていくと推察される未来予想は、より幅広い（もしかしたらネガティブな）未来予想からするとかなり限定的と言える。次世代教育を担う学校教育では、幅広い未来予想を視野に入れた議論がなされている部分もあるが、そこから導出される方法論としての探究学習が「魔法の杖」のように語られており、何でもかんでもそれで解決できる、というロジックには実現性に疑いがある。さらに、現代社会を生きる人々は、ハイパー資本主義、アテンション・エコノミーといった背景から、視野狭窄や思考停止に無意識的に陥っている可能性が高く、そのことも踏まえた「いま必要な学び」の議論が必要なはずだ。

つまり、以下の三点の視点を踏まえて、学びの場をデザインしていく必要がある、というのが筆者の主張である。

・スキル陳腐化のサイクルの早期化を踏まえて、過度にスキル偏重にならない、より大きな可能性につながる学びであること。
・一方で欲張らず、実現したいことと実現可能性を踏まえて焦点を明確にすること。
・日常体験の変化を踏まえた学びと学びの場のデザインであること。

私たちに求められること

では何に焦点を絞って学びを考えるべきなのか。ここまで確認してきた社会の状況を踏まえて筆者がキーワードとして取り上げたいのが「適応課題」と「垂直的成長」である。

技術的問題と適応課題

２００７年に出版されて以降、経営大学院やビジネススクールなどで扱われ続けている『最前線のリーダーシップ』で紹介されるのが「適応課題」という考え方だ。対置されるのが「技術的問題」で、その問題に取り組むのに「必要なノウハウや手順がそろっているもの」のことをいう。スキルの習得ややり遂げる難易度がどれだけ高かったとしても、どのような技術を身につければよいかわかっていればそのすべての課題は技術的問題に分類される。対して適応課題は「裏付けのある専門知識や標準的な手順を使ってもお歯が立たない問題」とされ、既存の思考様式のままで新しい技術を身につけるだけでは対応できない課題のことをいう。この適応課題に取り組むためには、考え方や価値観や行動を変えて、これまでとは違う方法を学ぶこと、組織やコミュニティを巻き込んだ実験や新たな発見や調整、時には相反する価値観に見えるもののなかから選択が迫られる、とされる。

『最前線のリーダーシップ』というタイトルなだけあって、リーダーとなる人を想定して書かれた著書ではあるが、筆者はすべての人がリーダーになるべき！　と言いたいわけではない。こうした資質が求められるのはもはやリーダーだけではない、ということがこの本をここで紹介している理由だ。『最前線のリーダーシップ』は２０１８年に新訳版が日本で出版されている（野津智子訳、英治出版）。著者であるハーバード・ケネディ・スクール（行政大学院）上級講師のロナルド・Ａ・ハイフェッツとハーバード・ケネディ・スクールの非常勤講師マーティ・リンスキーは「新訳によせて」でこう記している。「適応するという難題に取り組むことは、多くの人にとって、「できればしたほうがいいこと」であって、「必須」ではないように思われた。だが２００９年以降、人々の見方に変化が起きた。適応できることは、今すぐ必要だが、多くの個人や組織にとって、困難で痛みを伴う課題だと考えられるようになったのである」（25頁）と。また、

「適応することはいつどんなときも必須だが、その重要性が今日ほど強調される時代はない。世界が直面するさまざまな難題に、今や誰もが対応する術を知らなければならないのだ」（12頁）ともある。リーダーシップ論の金字塔とも呼ばれるこの本が、15年の時を経て新訳版の出版へと至ったのは、そこで示された考えが多くの人々にとって身につけなければならないものとなったからだ。

本章の前半を通して取り上げてきた未来予測や、社会の変化から導出される、我々がこれから対面するであろう問題、異常でとどまることの知らない気温上昇、新たなウイルスの発生、食糧危機、水不足、大規模自然災害、労働力不足はどれも「適応課題」だ。右肩上がりの経済成長が終わり失われた30年を過ごしてきた日本においては、こうした大それた社会問題ではなくて身近な問題や課題、生きるうえでの決断においても、もはや「これまでの正攻法」はおおむね通用しない。

そうした状況にもかかわらず、対処の準備ができているとは言えないのが現状だろう。ハイフェッツらは、著書の中でリーダーシップが失敗するたった一つの原因として、「責任ある立場の人が、適応課題を技術的問題のように扱ってしまうこと」と指摘するが、リスキリングの営みはまさにそれに見える。社会の変化をとらえることができて、そこで必要となる人材像、スキルが定義できる、という問題設定自体が、技術的問題的だ。インターネットやSNSの影響で適応課題が身の回りに存在することとさえ気づいていない（少なくとも自分事化されていない）状況もある。次世代教育においては適応課題に取り組めるようにしようとする意識も見えるが、そのための方法論は欲張りすぎて何が焦点なのか、不明になってしまっていることは述べたとおりだ。

現代社会を生きる多くの人々は、適応課題に取り組む構えを整えておく必要がある。ではそうした課題に向き合うために我々はどうすればよいのか。『最前線のリーダーシップ』の続編にあたる『最難関のリーダーシップ』（水上雅人訳、英治出版、２０１７年）にてハイフェッツらは、「アダプティブリーダーシップ」というリーダーシップの重要性を提唱する。挑戦的、実験的なマインドセットをもって、新たなチャレンジを試みたり、新しい知識を発見し、吸収すること、過去の成功や築き上げてきたレガシーを手放すことへの前向きな姿勢、規範を疑う構えなどが特徴だ。そしてこういった成長を、スキルや知識を身につけるといった類の成長と明確に区別して整理するのがハーバード大学教育学大学院のロバート・キーガンだ。

水平的成長と垂直的成長

ロバート・キーガンは「知性の発達」という考え方を提唱している。日経ビジネスのインタビュー[12]において、「私が言う「知性」は、mind（考え方、思考）です。Intelligence（知能）ではありません。つまり、情報をたくさん持っていたり、知識が豊富であったりすることを指すわけではありません。深く自分自身を内省すると同時に、自分を取り巻く世界を深く理解する能力を指します。視野の広さや、自分自身のことをよく分かって内省できる力、そんな知的能力を指します」と語っている。

キーガンの主張する「知性が発達する」という考え方をもう少し理解しやすくするために、彼が『なぜ人と組織は変われないのか』（池村千秋訳、英治出版、２０１３年）のなかで紹介する知性の発達における三つの段階を紹介したい。一つ目は環境順応型知性。帰属意識を抱く対象（集団やほかの人、その考えや価値観）に従い、周囲からどのような役割を期待されているかということによって自己が形成されるのがこの段階である。所属組織や集団の方針や目標に重きを置き、それらに順応することを重視する。次の段階が自己主導型知性。周囲の環境を客観的にみることで、自分自身の価値基準を確立し、それに基づいて判断、選択が行えるようになる。自分自身の価値観、イデオロギー、行動規範、目標や戦略、基本姿勢に従って自律的に行動する。そして三つ目の段階が自己変容型知性である。自分自身のイデオロギーと価値基準を客観的にとらえて、その限界をも検討できるのがこの段階だ。あらゆるシステムや秩序が不完全なものだと理解し、矛盾や反対を受け入れること、相対立する考え方があってもどちらか一方にくみすることなく、両者の統合に取り組むことができる。

三つの段階を示すことで、キーガンが考える「知性が発達する」ということがどういうことか、イメージできただろうか。現代の社会における必要な学びを考えるうえで参照したいのは、この三つの段階というよりも、知性の段階が高まっていく成長のプロセスである。

キーガンは、高い建物から下を見たとき3〜5歳の子どもは「あの人たちちっちゃいね」と言う（小さく見えるものは実際に小さいと考える）のに対し、8〜10歳になると「あの人たちちっちゃく見えるね」と言う（小さく見えているだけだとわかる）ようになるといった例を示しながら、自分の認識プロセス（フィルターやレンズ）を客観視できるようになる過程について説明する。そして「ものを認識するときに自分が使っているレンズやフィルターそのものを認識できるようになれば、すなわちそれまでの自分の認識システムをも認識の対象にできる大きなシステムを築ければ、認識能力のレベルが一段高まる。知性のレベルを高めたければ、認識プロセスの主体だったものを客体に移動させ、それに支配されるのではなく、それを支配する（コントロールし、活用する）ようになる必要がある。」（72頁）と説く。三段階の知性で言えば、環境適応型知性において判断基準のど真ん中にあった「帰属する集団の考え方」を自分と切り離して客観視し、その考えを取り入れるかどうかを自己の価値観のもとで検討（コントロールし、活用）できるようになり自己主導型知性へと発達する。そして自己の価値観、自らの世界のとらえ方、その枠組みそれ自体を客観的にとらえ、変容していけるようになることで、自己変容型知性の段階へと至る。知性の発達は、意識的、無意識的（多くの場合無意識的であり、だからこそ客観視するのが難しい）に用いている世界を認識するレンズそれ自体を認識の対象にし、レンズをかけたり外したり、あるいはレンズ自体の不完全性を受け入れて磨いたり、大きくしたり、変化を加えたりできるようになることで起こっていく。知性の発達に向かうこうした成長のことを「垂直的成長」とキーガンは呼ぶ。自身にすでに存在するものの見方や世界のとらえ方、価値観や考え方を客観視し、新たな視点や価値観を取り入れ、自己のアイデンティティや視点を拡げたり更新していく成長のことであり、適応課題に取り組むうえではこの垂直的成長が求められる。対して知識やスキルの習得を「水平的成長」と呼び、パソコンやスマートフォンにおけるOSのアップデートとアプリの追加のような関係性[13]とも言われる（**図表1**）。

図表1　水平的成長と垂直的成長

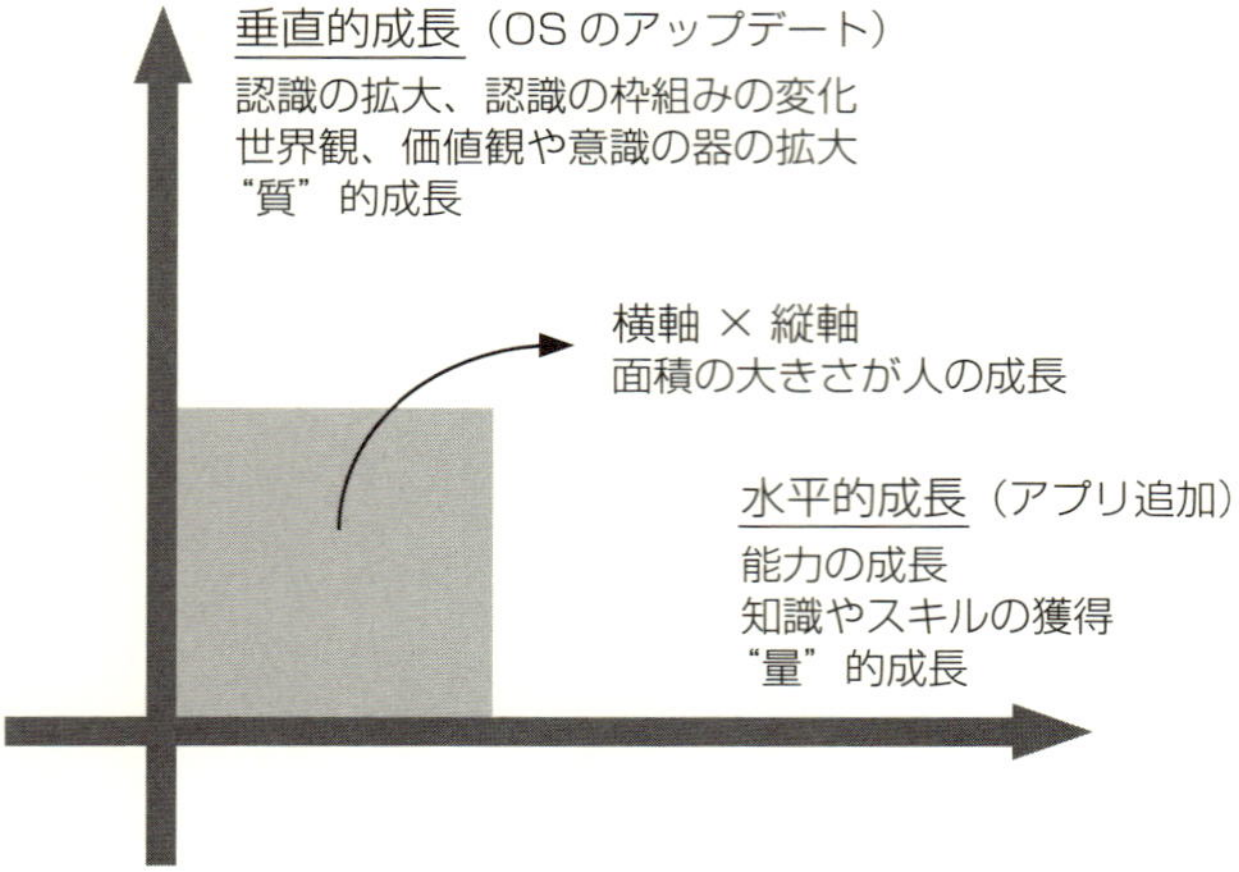

何が必要か

そしてキーガンは発達心理学の研究を踏まえて次のような体験を垂直的成長を促す体験として挙げている。

・なんらかの挫折、ジレンマ、人生の謎、苦悩、私的な問題などに悩まされ続けること。
・それを通じて、自分が現在抱いている認識アプローチの限界を感じること。
・自分にとって大切な局面で、その限界を思い知らされる経験をすること。
・適度な支援を受けることにより、葛藤に押しつぶされず、しかし葛藤から逃れたり、その重圧をやわらげたりもできない状況に身を置くこと。

これらを「適度な葛藤」と呼ぶが、何らかの課題によって自身の認識アプローチ（世界のとらえ方や価値基準など）の限界を感じることが重要ということだ。そうした体験はおおむね適応課題的だ。つまり適応課題に取り組むことが逆に垂直的成長の契機にもなるとされているのだ。

この四つの体験からもわかるとおり、『なぜ人と組織は変われないのか』のなかで詳細に示されている垂直的成長のためのプロセスは容易なものではなく、長い年月を要することが多い。しかしそのきっかけとなるような体験であれば、限られた学びの場のなかでもデザインできると筆者は考えている。「知性の発達」は人生、日常を通して起きていくが、それが起きる可能性を高める構えを整えることまでであれば取り組みうる、ということだ。そしてその手がかりは、「正解のない課題にグループでの対話を通して取り組みながら学んでいく」という探究学習やワークショップ形式の学びにおいてほぼ必ず含まれる問いと対話のプロセスに、すでに存在する。しかし、その手がかりを手繰り寄せるためには、問いと対話がなぜ重要で、どんなことを意識してデザインすべきなのかを認識したうえで学びの場をデザインする必要がある。

本章では、今の社会の状況や未来に向かう変化を踏まえた際、さまざまに語られる「いま必要な学び」

のなかの何に焦点を絞るべきかを考えて、「垂直的成長」というキーワードを導出した。次章では、そこにつながる学びとはどんな学びなのか、限られた学びの場で何ができるのか、問いと対話の価値も確認しながら丁寧に検討していく。

注

（1）例えば、2022年パーソル研究所が世界18か国・地域の主要都市の人々を対象に行った調査では、日本は勤務先以外での自己研鑽は「とくに何も行っていない」が5割を超えた。ワースト2位のオーストラリアでさえその割合は28・6％にとどまる。

（2）松下佳代「〈新しい能力〉概念と教育―その背景と系譜」松下佳代編『〈新しい能力〉は教育を変えるか―学力・リテラシー・コンピテンシー』ミネルヴァ書房、2010年、4-30頁。

（3）日経各誌で「生涯学習」をキーワード検索してみると、20年前（2002年度）は272件、10年前（2012年度）154件、そして一昨年度（2022年度）には43件とどんどん減少している。朝日新聞においてはさらにその変化は顕著で、2002年度1608件、2012年度1153件に対し、2022年度は394件。一方、「リスキリング」は朝日新聞こそ一昨年度62件にとどまっているものの、ビジネスパーソンを主なターゲットとする日経新聞においては408件と、同年の「生涯学習」の実に10倍の件数となっている。

（4）文部科学省は文部科学白書の中で「「生涯学習」とは、一般には人々が生涯に行うあらゆる学習、すなわち、学校教育、家庭　教育、社会教育、文化活動、スポーツ活動、レクリエーション活動、ボランティア活動、企業内教育、趣味などさまざまな場や機会において行う学習の意味で用いられます」と定義しているが、そこに続く文章がこの10余年の間に大きく変化している。12年前にあたる平成25年度が教育基本法を踏まえ、より広い学びの目的、機会の提供を目指しており、ラングランが提唱した概念に近い意味合いで「生涯学習」が扱われていたのに対し、令和4年度では「職業に必要な知識やスキル」を身につけるための学び直しが強調されている。さらに令和5年度には産業構造の変化等に対応する観点からの社会人の学び直し、リ・スキリングによる能力向上支援の推進といった内容が、「生涯学習」に関連する部分に盛り込まれている。

（5）例えば、1989年世界時価総額ランキングで上位20社に14社も入っていた日本企業は、2024年はゼロ。上位10社のうち5社は平成になってから生まれた企業で、国際経営開発研究所（IMD）がだしている「世界競争力ランキング」では2023年日本は35位（64か国中）と過去最低、同IMD発表の「世界デジタル競争力ランキング」でも2022年調査で過去最低の29位（65か国中）だ。

（6）2016年に6648万人だった労働力人口は、2030年には6000万人を切り、30年もすれば日本人の半分しか働いていない状況が予想される。

（7）アメリカのビッグテックを総称する「GAFA（GAFAM）」という言葉が世に出てから、たった数年でFacebook（Meta社）は陥落し、TESLAとNVIDIAが加わり「MATANA」となった。2000年前後には中国の成長著しい企業の頭文字から「BATH」という表現もあった。

（8）苅谷剛彦・増田ユリヤ『欲ばり過ぎるニッポンの教育』講談社現代新書、2006年。

（9）MarkeZine編集部編「中・高・大学生に聴取／利用率トップ2のSNSは「LINE」と「Instagram」【テスティー調査】」2022年、翔泳社。https://markezine.jp/article/detail/40471

（10）心理学や行動経済学といった分野の知見に基づいて、特定の目的や目標を達成するために人々に望ましい行動や意思決定、動機づけを促進しようとするデザイン手法。

（11）社会学者の宮台真司が学校の教室やネット社会において、相互に無関心で閉鎖的な小さなグループ（島）が林立する様子を「島宇宙」化と表現した。

（12）日経ビジネス「いくら言っても、人や組織が変わらない理由　ロバート・キーガン米ハーバード大学教授に聞く」2019年。https://business.nikkei.com/atcl/seminar/19/00059/080100139/

（13）鈴木規夫は『人が成長するとはどういうことか』（日本能率協会マネジメントセンター、2021年）のなかで、課題や問題と向き合うときの姿勢（発想・思考・価値観・世界観）はそれまでのものを維持しながら、その基盤の上に新たな知識やスキルを習得していくことを「水平的な発達」、その姿勢自体、あるいはそもそも自らが認知する現実（リアリティ）の幅や高さや深さそのものを拡張していくことを「垂直的な発達」と解説したうえで、「それらの発達は緊密な関係にあり、前者の地道な積み重ねが後者を生み出す基礎となるのは紛れもない事実である」（14頁）と主張している。

第2章

学びの場をデザインする前に
――本書が扱う学びと理論的根拠

第1章では社会の状況を踏まえながら、今後「適応課題」に相対することが圧倒的に増えていく可能性と、そうした時代を生きていくうえで全世代的に「垂直的成長の機会」の重要性が高まることを確認した。一方で、短期的、一時的な体験によって意図して垂直的成長を引き起こすことは不可能に近い。では、限られた学びの場でいったい何ができるのか。

すでに述べたとおり、日常生活やビジネスで、たくさんの「適応課題」に出会う時代を我々は生きている。つまり「垂直的成長」の機会に出会いやすい時代に生きているともいえるのだ。学びの場と日常をどのように接続していくかということも後から述べていくが、授業や研修といった学びの場をうまくデザインすれば、それをテコにして、日常に学びの機会を増やしていくことができる。ここからそうした日常に学びを増やしていく〝学び〟、すなわち本書が扱う〝学び〟とはどんなものなのか示していきたい。

その前に、学び・教育に関する見取り図をまず示したい。「学び」や「教育」は、私たちの日常の至るところに存在し、常識ともいえるレベルで人々に認識されている。しかし「学びとは何ですか？」と聞かれて、すっと答えられる人は少ないだろう。というよりも、さまざまなとらえ方、考え方があり、それらを検討してきた膨大な学問の蓄積がある。それらを丁寧に吟味し、整理していくことは本書の目的ではないし、筆者の専門の外にある。ただ、本書が扱う〝学び〟を理解し、そこから先の実践に向かってもらうためには、漠然ととらえられがちな「学び」「教育」について一歩踏み込んで整理しておくこと、そして読者のみなさんがご自身の学び観や教育観に意識を向けておくことが非常に重要となる。

学び・教育に関する見取り図

探究学習も、ワークショップも、手段でしかない。そして世の中にはさまざまな学びの形があり、それぞれに特性がある。重要なのは、「どんな学びを起こしたいのか?」という意図であり、その意図を実現するために最適な手段を選択しデザインすることである。そして手段を適切に選択できるようになるためには、探究学習か知識重視の受容学習か、ワークショップ形式か講義形式か、といったやり方の理解以上に、その背景にあるメカニズム(学習理論)や重視すべき教育の機能を整理することが重要となる。

この過程は設計者にとっては自身の学びに対する考えの深い部分に向き合うことにつながるだろう。「学びを設計するものとして、あなたは学びとは何のためのものだと考えるか、そしてどんなメカニズムによって起こりうると考えるか」、自分自身の考えを内省しながら読み進めていってほしい。

そのためにまずは学習理論と教育の機能という二つのテーマからいくつかの考え方を示そう。

学習理論(行動主義⇔(社会)構成主義)

まずは学習理論、つまり学びが起きるメカニズムについてどんな考え、価値観をもって取り組むか、ということだ。先に述べたとおり「人はどのように学ぶのか」という問いについては学習科学や認知心理学、あるいは神経科学などさまざまな分野で長い歴史を通して研究されてきた。ここでは、行動主義と社会構成主義という代表的な学習理論を示し、これから検討する学びを考える手がかりにしたい。

認知科学、心理学あるいは学習科学の研究の発展に伴って、行動主義、構成主義、そして社会構成主義と新しい考え方が生まれていった。それぞれの学習理論を具体的にイメージしていただくために、学習理論をもとに考案された学習方法とともに紹介していこう。

まず行動主義である。行動主義は、頭の中の思考は見えないものとしてブラックボックスと見なしたうえで、観察可能な「行動」に着目した。学びの提供者が、何らかの意図（学びを起こそうとして）をもって学び手に刺激を与え、反応（目に見える行動）を観察する。そしてその反応が意図に照らして望ましければ報酬を与え、その望ましかった行動を強化し、その行動を定着させていく過程が「学習」と定義される。

代表的な行動主義心理学者であるアメリカのB・F・スキナーは、この行動主義を背景にプログラム学習という教授学習方法を考案した。学習課題を学ぶまでの道のりを細かく区切り、一つずつの目標を行動として観察できるよう定めて課題を提示し、学習者の反応に対して良い悪いといったフィードバックを即時に与えながら、学習をすすめる手法である。有名な「パブロフの犬」の実験でも知られる「行動主義」は、反復練習が重要なキーワードであり、スキルの獲得や情報の記憶に有効性が高く、学習ドリルやタイピングの練習など比較的単純なスキルを習得するトレーニングに反映されている。

一方、構成主義は、情報などを自分の頭の中で咀嚼し、意味のある知識を構築していくことこそが知識を得ることであるという考えに立ち、その過程を学びと定義した。学び手が能動的に知識の獲得（情報などからの知識の構成）に参加することを重視し、提供者は学び手の知識の獲得を効果的に支援することが求められるとした。さらに、この知識を構成する営みが「共同で行われる」ということを重視したのが社会構成主義である。周囲の学び手、あるいはその他の環境、そして社会や文化、組織などからも影響を受けながら知識が構成されていく、という立場である。

この社会構成主義を背景にした学習法として、協調学習がある。複数人のグループで学習課題を共有し、互いの理解を協調させながら自らの知識構造を変化させる学習である。多くの方もご存じのジグソー法はこの協調学習を進化発展させた教授学習方法で、小学校を中心に全国で取り組まれている。探究学習や、ワークショップは、学びのプロセスに協調学習の要素が含まれることが多く、社会構成主義の学習理論を背景に生み出されてきている。

読者の皆さんのなかにはすでにさまざまな学びの場をデザインされてきた方もいれば、これから取り組んでいくという方もいらっしゃるだろう。実際にデザインしてみた、あるいは過去参加した学びの場を思い出して、印象に残っている学びの場はどんな学習理論が背景にあったか、考えてみてほしい。そう考えるのはどうしてか。そしてあなたは、「学びとはどのように起こる」という学び観をもって、これから学びの場をデザインしていきたいだろうか。少し立ち止まって考えてみてほしい。

教育の機能（主体化⇔社会化）

続いて扱いたいのが教育は何のために行われるのか、あるいは教育は何を成しうるか、という教育の機能に関する視点である。ここではオランダの教育学者、ガート・ビースタの整理を紹介したい。ビースタは教育には資格化（有能化）、社会化、主体化の三つの機能があると主張する。

資格化（有能化）とは、学び手に知識、技能、理解を提供することで、労働や、生活場面等において価値があることをできるようにさせることである。社会化とは既存の社会秩序、行動様式や存在様式に適応できるよう個人を規範化すること。主体化とは社会にとっての「新参者」を既存の秩序にはめ込むのではなく、秩序から独立したり自由であったりする自律的な個人にすることである。

ビースタは『よい教育とはなにか』（藤井啓之ほか訳、白澤社、2016年）のなかで、この三つの機能を、シティズンシップ教育を基に論じている。シティズンシップに欠かせないと考えられている知識やスキル、性向を提供したり、政治的実践および政治的批判活動を行う能力を開発すること、すなわち「政治的リテラシー」の獲得を実現することを資格化（有能化）、どんな種類の市民になるべきかを具体的に示すなどして、（その国や地域における）「よい市民」の形成に取り組むのが社会化、何が良い市民か、よい市民とはどうあるべきかを問い続ける政治的行為主体となることを促進するのを主体化としている。例えば、社会問題を取り上げて、自分の住む国、地域における規範的な姿勢を越えて、どう取り組むべきか、どう取り組むのが「よい市民」なのか?と問うこと、「よい市民」像を批判し、再構成し続ける姿勢や思考を喚起することは主体化としての取り組みといえるだろう。(1)

「教育」というフレーズからは学校教育が連想されるかもしれないが、この議論は学校に閉じたものではない。職業教育はもちろん、さまざまな成人教育においても当てはまる考え方である。例えば「リーダーシップ」をテーマにした研修では、必要とされるスキルを育むのは有能化、その組織で理想とされるリーダーの姿勢や構えをインストールするのは社会化、それを再構成するのは主体化だ。筆者は過去、「理想のリーダー像」が概ね個人および組織に蓄積された経験に紐づくことを踏まえて、それらを客観視する体験、さまざまなリーダー像に触れる体験、各人に内在するリーダーとしての特性を言語化していく体験を通して、「組織内のステレオタイプのリーダー像を手放し、自分たちらしいリーダー像を描く研修」を、次世代リーダーに行ったが、これはまさに「リーダーシップをテーマにした主体化」の研修と言えるだろう。

過去に取り組んできた授業や研修、学び手として参加した場を振り返って、それぞれがどの機能を重視した学びの場だったか、考えてみてほしい。一つの授業、研修が一つの機能だけを担っているということはほとんどなく、さまざまな機能が内包されていることが多い。それでも、強く意識されていた機能があったとしたらそれはどれか、思い浮かべてみてほしい。そしてこれから学びの場をデザインしていくうえで、意識していきたい教育の機能はどれか？　それはどうしてか？　ぜひ、考えてみてほしい。

デザインと学び観・教育観のズレ

学習理論、教育の機能、それぞれについて自らの実践や学び手としての体験、そして今後に向けた自分の考えにも少し意識を向けてみて、どうだっただろうか。

学習理論にしろ、教育の機能にしろ、考え方を背景に考案された学習方略があるくらいなのだから、それぞれの考え方に親和性のある方法はある。しかし実際の授業を見学したり、ワークショップに参加してみると、用いられている方法だけではどの学習理論を基盤としてデザインされているか、あるいはどんな教育の機能を特に重視してデザインしたのかということが端的にはとらえきれないことは多々ある。

例えば、新商品開発をテーマにしたＰＢＬ（プロジェクト型学習）のような学びは、探究学習として昨今非常に広く行われているし、企業向けの研修においてもイントレプレナー（社内起業家）養成などで盛んに行われている。グループワークでそれぞれの課題に対する理解や発想を交流させながら課題の本質をとらえたり、それを解決する商品のアイディアを出し合い、課題とは何か、課題を解決するアイディアとはどういったものか、という自身がもつ概念や理解を変化させていくことが重視されていれば、それは社会構成主義を背景にしたものといえるだろう。一方、グループでアイディアを練り企画を作り上げるプロセスをたどるものの、ビジネスフレームワークの活用の仕方を中心にデザインされた学びの場もある。やり方が示され、その反復的活用と、活用の仕方に対する適切なフィードバックをもとにして「ビジネスフレームワークを上手に用いる」というスキルの習得が図られていたら、その学びの場は、社会構成主義というよりも、行動主義的な学習理論をもとにデザインされていると考えられる。行動主義や構成主義は、研究の領域では学習理論と呼ばれるものだが、学びの実践の現場においては「学習観（学習とは何か、あるいは学習とはどのように発生するか）」として扱われるものであり、そこには教師やワークショップ提供者の学び観・教育観が表れる。方法が学習観を規定するのではなく、学習観が学びの場に現われるのだ。

教育の機能についても同様のことがいえる。「正解のない課題にグループでの対話を通して取り組みながら学んでいく」、というプロセスが探究学習やワークショップ形式の研修がもつ要素の最大公約数の一つだろうが、そういった学びをデザインする人々の多くは、自覚しているかはともかく主体化を意識していることが多い。一方で、学び手としてその場に入ってみると、提供者側の規範や前提が強く表れており、結果的には社会化形態と化している学びの場は少なくない。田中智志は『何が教育思想と呼ばれるのか』（一藝社、２０１７年）のなかで、「アポリア aporia としての問い（正答、正解のない問い）」を考え続けることが、ビースタのいう主体化の教育である、としており「終わりなき学び」が想定されるが、グループワークで正解がなさそうな問いが示されていても、ファシリテーターや先生が想定する答えがある場では、学び手がそれを示すことで終わりに至る。学びは、学習内容や提供者の指示、示された文書からだけでなく、教師および学びの提供者の態度や行動、あるいは学び手との関わりといったヒドゥンカリキュラム(2)からも当然大きな影響を受ける。「自由にオープンに話してください」といった指示のもとグループでの話し合いを行い、全体で発表した際に、ファシリテーターの受け取りや非言語のリアクションを通して「これは間違った方向に話し合いを進めてしまったかな？」と感じる場面に出くわしたことがある人は少なくないだろう。学校現場でも、先生が机間巡視しながら行う問いかけやコメントを通して、話し合いを活発化させようとする部分もありながら、話し合いの方向性自体が影響を受けている場面を見ることもある。

テーマとデザインの距離

学びのテーマ（扱う課題等）も、その扱い方によって実現される「教育の機能」は異なる。例えば「移民を受け入れるか否か」という社会課題をテーマに、ディスカッションを通した学びをデザインするとして、自国および自己の利益や都合を棚上げして批判的、探求的に思考することでそれは主体化形態となる。しかし、移民が受け入れられている／受け入れられていない状況を疑似的に体験したうえでディスカッションし、学び手が暮らす地域の制度や現状を踏まえて「移民を受け入れる／受け入れないべき」という規範を身につける設計にすればそれは社会化形態になるだろう。あるいはディスカッションを通して移民について調べたり、受け入れている国、受け入れていない国とその受け入れのプロセスや制度設計、問題点を調べたり、もしくはディスカッション自体のやり方を学ばせようとすれば、それは有能化形態といえる。ビースタも『よい教育とは何か』のなかで「政治的な知識や理解は明白に政治的な行動様式や存在様式の発展のための重要な要素になりうるし特定のシティズンシップ・アイデンティティへの社会化に強く焦点化することで、実際には抵抗を呼び起こし、それが政治的主体性や行為主体になる機会を提供する」（41頁）と述べており、分類しきれない連続性を帯びる場合がほとんどだ。

そうした実態が、方法と意図のミスマッチを生み出してもいる。学びの場をつくり届けるうえで、設計者にとって、そして学び手にとって不幸なことは、そこに学びが起こらないことだが、その要因の一つが、「〝起こしたい学び（狙い）〟と〝デザイン〟のミスマッチ」だ。探究学習もワークショップ形式の研修も、その定義が多様であるということから「どんな学びにも探究学習が有効である」、「ワークショップ形式の研修はどんな研修にも汎用可能」という考えも広がり、狙いとデザインがマッチしていない実践がそこかしこで行われている。また、探究学習やワークショップといった〝方法〟が大いに注目されるなかで、その方法論が生まれた背景や特徴が十分にとらえられていなかったり、あるいは本人の想いとは別に、学校改革、教育委員会や管理職、上司や担当部署からの指示、潮流や流行りなどによってそういった方法を実践しなければならない事態も生じている。そうして、その人の、学習観および想定する教育の機能と、選ぶ方法にギャップが生まれる。見てきたとおり、用いられている方法がその場の教育的機能を規定するわけではないし、その方法を用いるだけで背景にある学習観を具現化できるわけでもない。あくまで学びをデザインする人の学びや教育に対する考えが基盤であり、その考えが最も強いインパクトを持っている。

第1章で確認したとおり、探究学習やワークショップ形式の研修が魔法の杖のように扱われるような現状においては特に、起こしたい学びの焦点を明確にするために、学びの場を提供する者は、どんな学習観をもち、どんな機能を意図して学びの場をデザインするか考えることが重要だ。そのうえでテーマを選定し、意図に適した方法を選んでいく。そのときには、さまざまな可能性を認識したうえで、決断し、何かを諦める必要も出てくる。カリキュラムには「意図されたカリキュラム」、「実施されたカリキュラム」、「達成されたカリキュラム」があり（**図表2**）、最終的に何を学び取るかは学び手にゆだねられるのも事実だが、

図表2　三層のカリキュラム

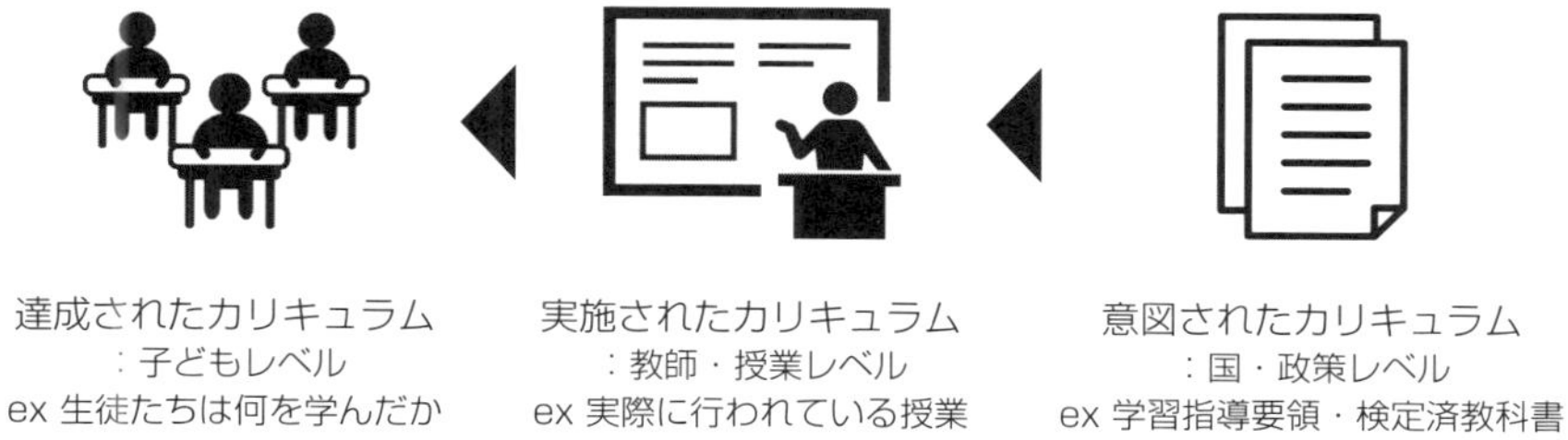

意図に紐づいたデザインをすることで、その実現可能性を高めることは可能だ。大切なのは、意図によって教育の機能と学習観を意識し、適したデザインを施していくということだ。

本書が扱う〝学び〟

それではここから、本書が扱う学び、すなわち「垂直的成長」への糸口、あるいはその成長につながる日常がはじまっていくための〝学び〟とはどんなものか、認知科学の知見も手がかりにしながら紹介していきたい。キーワードは、「概念の脱構築という創造的体験」と、「主体感覚の受動的体験」だ。

認知的変化という学び

認知科学とはご存じのとおり、人の心の働きやその背景にある仕組みを理解することを目的とした学問であり、記憶や思考、そして学びのメカニズムを対象とする研究領域である。学びをデザインすることを生業とする人のなかには、深い知見をお持ちの人もいるかもしれないが、改めて人が学ぶということはどのようなメカニズムによって起こっていると考えられているのかを確認することが、「学びの場づくり」と垂直的成長とをつなげることになる。

認知科学を専門とする白水始は著書『対話力』（東洋館出版、２０２０年）

のなかで、「学びとは、自分の経験した個別具体例に対して自分なりにわかりやすいまとめをつくってみて、それが適用できる範囲とそうでないものとがあることを知り、想定外の事例にも適用できるまとめへとつくり直していくことで、適用範囲の広い知識をつくっていくことだと言えます」（40頁）と主張する。ここで言う知識は、新たな発明や世界的に新しい概念といった大それたことではない。一般的に「知識を得る」とか、「知識が伝わる」といった表現をされる、多くの人にとって身近で、平凡な知識のことである。そうすると「知識をつくっていく」という表現に違和感があるかもしれないが、もしそうだとしたらそれは知識観に由来する。認知科学を専門とする鈴木宏昭が『私たちはどう学んでいるのか』（ちくまプリマー新書、2022年）のなかで紹介する「コト的知識観」と「モノ的知識観」の対比によって理解が進むだろう。鈴木は、「場面にうまく対応するようなモノ（知識）が、私たちの記憶という引き出しの中にしまってあり、引き出しの中をうまく整理しておけば、すぐに探したい知識はみつかる、そんなイメージ」（69頁、〔知識〕は筆者補足）を「モノ的知識観」と呼ぶ。一方で、記憶をはじめとした認知的リソースと人間が知覚する状況のリソース（環境のリソース：ものやひと、他者の意見や考え、外部からの刺激など）がうまくかみ合って組織化されることで創発されるのが知識であるという考え方を「コト的知識観」と呼ぶ。(4) ここまでお読みいただいた方はおわかりかと思うが、モノ的知識観は行動主義、コト的知識観は構成主義が土台となっている。(3)「モノ的知識観」で知識とされているものは「コト的知識観」においてはおおむね記憶されている情報に過ぎない。誰かから伝えられたり本で読んだ情報は、いったいどのような範囲をカバーする情報なのか、ほかの情報や知識とどう関係するのか、どこで使えるのかということを考える作業が意識的、無意識的問わず行われて初めて知識となる、それ以前は情報が記憶されているに過ぎない、という考え方だ。直感的には、「モノ的知識観」に共感する人も少なくないかもしれない。「だって誰かから伝えられた知識に対してすぐに納得したり、その知識の適用範囲、関連知識、活用可能性が思い浮かんだりするじゃないか」と。それは自らのなかに知識を構成するに足る認知的リソース（情報、知識など）がすでに存在しており、だからこそ外部から入ってきた情報（環境のリソース）との創発が自動的かつ即時的に起こっているにすぎないわけだが、その認識が、「知識が伝達可能である」という考えを支えていると鈴木は主張する。

すなわち我々は、学びという現象が起きる際に、常に自分の外側の何かと自身の中にある何かの相互作用によって新たな知識を生み出している、あるいは自身のもつ概念を変化、更新させているのである。

概念の脱構築という創造的体験

このことは、「垂直的成長」につながる学びを考えるうえで重要な手がかりとなる。垂直的成長とは、新たな視点や価値観を取り入れ、自己のアイデンティティや視点が拡がったり更新されていく成長のことであった。この営みは、先に示した白水の主張する「学び」のプロセスと相似形にある。自己の内部で（意識的、無意識的問わず）その妥当性に確信を持っていた知識、あるいは疑うことのなかった価値観、考え方に対して、その知識、あるいは価値観、考え方では妥当、共感、納得しえない情報、出来事、あるいは他者の考え方、価値観との出会いによって自己がもつ〝まとめ〟やアイデンティティ、視点を更新、拡張していく営みが、すなわち学びであり成長ととらえることができる。

確かに知識と価値観は異なる。知識は、自分自身の思想や信条とは関係なく、客観的、一般的対象である場合が多いのに対して、価値観や考え方は自分にとって大切だったり、生き方を支える信念に関連する。だからこそ価値観や考え方の更新、拡張には、自分が（多くは無意識に）前提としている常識や世界観、あるいはそれらが芽生えるに至った過去の体験やその解釈にさえ向き合う必要がある。例えば、「勝つことがすべて」という価値観を大事にしてきた個人競技のアスリートが、キャリアを終えた後に突如その信念を手放すことは難しいだろう。セカンドキャリアで事業を始めたとしても、「勝ち負け」のフレームでビジネスをとらえる可能性が高い。例えば、多様性を大事に目の前の利益を手放して他者との協働にすぐに取り組むことは難しいだろう。信じて疑わなかった価値観が瓦解するような体験をもって、それを手放すことができる、ゆえに葛藤体験がキーとなるのだ。だからこそ難しく、時間がかかる。

そうした成長につながる体験を限られた学びの場において実現すべく、学び手の価値観に近接する事柄を学びのテーマに設定することも可能だ。しかし短い時間で行うのには適さないし、短すぎる時間では取り組むべきではないと筆者は考える。

しかし、「当たり前だと思っていた何かが他者の考えや意見、対話によってゆらぎ、新たに作り変えられる体験」、すなわち「概念を脱構築する体験」までは限られた学びの場で十分に実現可能だ。社会人を対象とした研修はもちろん、高校生や中学生を対象とした学びの場においても、こうした瞬間を目の当たりにすることは決して少なくない。問いによって自分と他者の意識が対象に焦点化され、対話を通して、自分が語っていた課題やテーマ、概念に対してハッとし、「つまりこれってこういうとらえ方ができるのでは？」と、何かを発明したような発言がなされる場面がある。過去開発したダイバーシティ&インクルージョンをテーマにした探究学習プログラムのなかで、「多様性とは？」という問いに対して「みんな違ってみんなよいってこと」と当たり前のように語っていた中学生が、「多様性を大切にすることは、どこまでいっても相手のことはわかりえないということを自覚すること」と語った瞬間があった。まじめで学年でも注目される彼にとって「多様性」とは、学校で掲げられる重要なスローガンの一つだったわけだが、それで人と人が全く異なるということをプログラムのなかの対話や活動を通して体感覚を伴って認識し、それでもともに生きていく社会をチームで構想したときに出てきたのが後者の言葉だった。前者の方が、一見互いの違いを理解しているように見えるが、自分が過去に体験したり見聞きしてきた「多様性」(認知的リソース)よりも「さらに広い(あるいは生々しい)多様性の存在」(環境的リソース)に出会い、正面から向き合ったからこそ後者の言葉が出てきた。自分にとって当たり前だった考え方がゆらいだうえで、獲得した考え方であることにこの体験の価値がある。こうした体験は、自己の内部にある知識や考えは決して不変で確定的なものではないということを深く理解する機会となる。問いによりみんなの意識を集め、対話により他者の考えやその他の外的なリソースと関わることで考えが変化し、広がり、新たに生まれること、それこそが学びであるということを知ることで「学び観(前提としての知識観)」が拡がるのだ。(5)

日常に学びを増やすために

「学びの場」は、こうした「学び観」が拡がる感覚を体験し、また自覚するようデザインすることで、日常のさまざまな体験を学び化していく構えを整えていく場にすることができる。もしそうなれたとしたら、日々の暮らしは学びの機会の宝庫となる。本を読んだり講演に行くこと、旅に出て初めての世界に触れること、どれも有効な学びの機会だが、自己の大いなる可変性に気づけば、どこでの誰、何との出会いも、学びになりうる。加えて、適応課題あふれる日常を生きる我々にとっては、挫折、ジレンマ、人生の謎、苦悩、私的な問題に出くわす機会は限られた「学びの場」ではなく、日常にこそ多い。であるならば、そうした課題を目の前にした時、それを技術的問題として矮小化して解消に向かうのではなく、適応課題として取り組む構えを整えていることこそが、日常に垂直的成長につながりうる学びを増やすことにつながる。そのなかで、自分の価値観の限界や深い変容の必要性に出会うことにもなるだろう。

本書ではここまで、社会人と中高生年代を大きくくって議論を進めてきたが、その理由はここにある。垂直的成長を直接的に学びの場のなかで扱おうとするならば、それは社会人の方が適切かもしれない。(6) もちろん中高生年代も価値観や信念をもって生きているが、それらはまだ形成過程ということも大いにある。しかしながら、「学び観」が拡がることは、日々学びの渦中にいる中高生年代においても十分に可能であり、これから成長していくなかで価値観や信念、世界のとらえ方、認識の枠組みが形成され、時に硬直化していくなかで、自身の価値観に改めて向き合うための大切な準備になるはずだ。

重要なのは、自己の内部にある知識や考えがゆらぎ、更新、拡張したり新たに生み出されるという「学びの体験」それ自体、そしてその体験によって学び手の「学び観」が拡がることである。

そして、「概念を脱構築する体験」にはもう一つ、学び手の「主体性」につながる重要なポイントがある。それは、「概念を脱構築する体験」が創造的な体験である、ということに起因する。

創造および概念的変化という営みの果実

認知科学の領域では概念変化こそが学習であり、さらに踏み込めば知識の生成こそが学びとされていることを確認してきた。そこには「主体性が芽生える契機」がある。

探究学習、アクティブ・ラーニング、ＰＢＬなど、昨今の学校教育改革で必要性が主張される学びは「主体性」とセットで語られることが多い。学習指導要領ではこうした学び方を最終的に「主体的、対話的で深い学び」という表現に収束させ、まさに「主体的」という言葉が直接用いられるに至った。ワークショップ形式の研修も、座学や講義形式の研修よりも企業からのニーズが高いのは、学び手の主体性を喚起し、主体的な姿勢を醸成できると考えられているからという部分は大きい。いずれにしても、主体的に学ぶこと、主体性を育むことが強く求められている。

一方で、学びを設計する側ができるのは学びの場を提供することまでである。そんな我々には、「主体的に学ばせること」、「主体性を育むこと」は可能なのか、というのはそもそも重要な命題である。筆者の考えを先に述べれば、こう言っては元も子もないが、自分以外の誰かの「主体性を育むこと」も、誰かを「主体的に学ばせること」も、それを願うことはできても、本質的には不可能だと考えている。というより、論理的な矛盾をはらんだ考え方だと言わざるを得ない。主体性は誰か、あるいは自分でさえ意図してコントロールできるものではなく、発露するものである。

それでも、「主体性の発露」に向かって「学びの場」でできることはある。学びの場をデザインするうえでは「主体的に学ぶこと」は方法であり、重要なのは、学び手が学びを終えた後に、より主体的になっていることである。そのためには、学びのプロセスにおいて徹頭徹尾「主体的に学ぶべき」、という考えを手放すことが、まずは一つのキーとなる。誰かに指示されたり義務ゆえにその場にいて、「やらされている」という状態を避けて、最初から主体的である人だけに学びを提供するような場面は非常に限られているし、幅広く学びを届けようと思えば、さまざまなモチベーションの人に学びを提供することが求められる。さらに言えば、問いが提示されて取り組む、ということはどこまでいっても受動性が伴う。「受動的に学んでいる」ことを完全に否定したら、学びの場はつくれない。

主体感覚の受動的体験

むしろ重要なことは、「受動的な体験」を提供しているという前提のなかで、学び手が「主体としての感覚」を体験すること、体感することだと考える。「主体としての感覚」には、面白さやワクワク感、高揚感といった直感的な感情の動きが帯びる。体験の意味や目的、必要性ではなく、その体験自体に喜びや楽しさ、面白さやワクワクとった前向きな感情が伴い、「さらにやりたい」という主体性が、学び手の中に芽生えることが重要なのだ。だからこそ「主体性の発露」を願いながら「主体感覚の受動的体験」を学びのプロセスのなかに埋め込むことが大切なのである。

そしてそれは「概念を脱構築する体験」によっておこる。「コト的知識観」に立つと、「学び」という営みはそれだけですでに創造的な活動であることがわかる。なぜなら学びとは「知識をつくること」なのだから。新たな何かを生み出すことは、それを〝そのように〟自覚すれば、自己肯定感につながり、自信にもなる。そしてその営みの面白さを体感することで、さらなるモチベーションを喚起し、主体的な取り組みへとつながる可能性が非常に高い。

筆者はこれまで学びの場においてさまざまな問いを学び手に投げかけてきたが、学び手が能動的に動き始めたり、対話が急に活発になる瞬間に時折出くわしてきた。例えば、やや難解な問いに対して自分たちなりの定義を与え、問いを自己の言葉として定義できた瞬間である。はじめは誰かから投げこまれた問いに向き合う受動的な体験だったのが、取り組むべきことを自分たちで決めて取り組みはじめる体験となった瞬間に、それが起きた。先ほど紹介した「多様性」に対する考えを更新した中学生は、それまでいわゆる優等生的に多様性に対して向き合っていたが、「自らの定義を自ら更新した体験」をテコに、さらにその授業のなかで積極的、能動的に活動を展開していった。あるいはグループのなかで相反する考えを抱えながらも妥協せずに対話を続け、全く新しい考えにたどり着いた瞬間にも、そういうことがおこる。自分たちにとって全く新しい考えを生み出した瞬間に人は輝き、「もっとやりたい」という意欲が沸き上がる。自社の新たな取り組みを構想する研修のなかで、チーム内で異なる顧客を想定して対立があったが、それぞれの顧客がもつ共通の課題を対話から見つけ、顧客の括りを新たに設定できた瞬間から、さらに創造的な対話が爆発的に進んだ場面があった。知識を自らつくりだす、あるいは概念を自分たちなりに変化させるという創造的活動には、人を主体的にさせる力がある。

また、問い、対話によってはじまる「内省」にも、主体的な取り組みがはじまる可能性がある。白水は先ほど紹介した『対話力』のなかで、内省を行うことで、人は次に解きたい問題ややりたいことが見つかるなど、より主体的になる可能性を指摘している。内省とは、「自分の古い考えと新しい考えとの対比やそれを通した感情との向き合い」（54頁）のことである。ここまでの議論をふまえると、「古い考え」は自己のなかにすでにある認知的リソースであり、環境のリソースとして外部から入ってくるのが「新しい考え」だ。それらが組み合わさって創発することで知識が生まれる。生まれた知識はさらに「新しい考え」になる。つまり知識の生成、あるいは概念変化の体験という学びは内省の契機でもあり、内省によって主体的な姿勢が立ち上がり、それはさらに先に進むための意欲を立ち上げるということだ。

問いと対話による「学び観の拡張」と「主体性の発露」

「概念を脱構築する体験」によって「学び観」を更新、拡張する、そしてその体験は「主体感覚の受動的体験」にもなっている。ここまで説明してきた「学びの体験」にポジティブな感覚をもつことができれば、それは日常にあふれている学びの機会へと向かう「主体性の発露」にもつながる。挫折、ジレンマ、人生の謎、苦悩、私的な問題にも前向きになることができる、とまでは安易に言えないが、「そうした事態を適応課題ととらえることで自身に学びが起きる、その学びは得てして豊かなものである」、という認識をもっていることの意味は小さくないはずだ。似たような体験が過去にあること、取り組み方がわかっていること、そして取り組んだことで学びを得られたという前向きな認識があることは、学び手の背中を押してくれるだろう。学びの場で体験する創造性と主体感覚が、その後の日常における学びの最大化への橋渡しとなる。そのことの意味は**図表3**に示すとおり非常に大きい。「適応課題」だらけの世の中にもかかわらず、ＳＮＳやスマホ（そして資本主義と人間の本能の共犯）によって閉じた自己に対し、「学びの場」をとおして「知識をつくる体験・概念の脱構築の体験」を届ける。そのことによって「学び観の更新」・「主体性の発露」を引き起こし、学びに開かれた自己への変容を願う。そのことで「適応課題」との出会いを「垂直的成長」の機会としながら、現実社会に主体的にかかわっていくようになりうるのだ。

　ここで示してきた学びの営みを生み出すのが、探究学習やワークショップ形式の学びにおおむね

図表３　本書が願う変化と、学びの場の機能

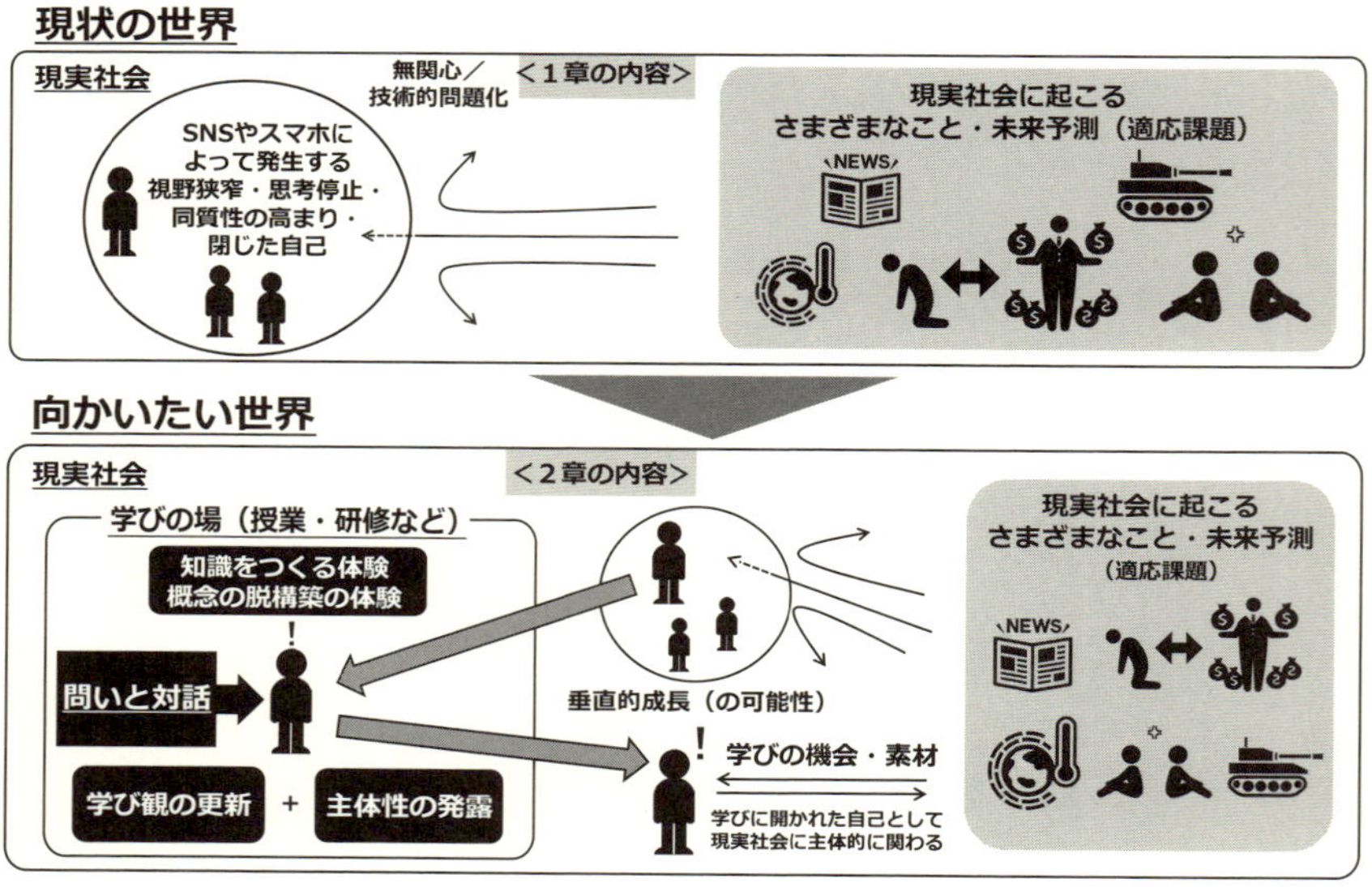

内在する「問いと対話」である。そして、そうした学びにつなげることを意図して「問いと対話」を大切に扱い、学びの場をデザインしていくこと、学び手に起きた現象を自覚するタイミングを設定し、それ以降の日常との接続を意識することが重要となる。

本章の最後に一つの表を示す（**図表4**）。本章前半に示した学習理論と、教育の機能を掛け合わせた表だ。筆者がさまざまな場面で見てきたり参加してきた学びの場は、探究学習やワークショップ形式の研修も含み込んでこの表によって分類できる。

表のなかにはイメージしやすいように具体例を示した。ここに良し悪しはない。この表のメッセージは、意図する学びを実現するためには適した学習観および教育の機能を念頭におくことが効果的である、ということを踏まえて方法を選択すべきであるということである。

ちなみに空欄となっている、主体化×行動主義的学習観には落とし穴がある。主体化は、「正解のない問いを考え続けること」であり、それが行動主義（意図を持った刺激と即時評価によって望ましい行動を定着する営み）によって実現されるとは論理的

図表4　学習理論と教育機能の掛け合わせ

		学習理論	
		行動主義的学習観	（社会）構成主義的学習観
意図する教育の機能	主体化		垂直的成長につながりうる学び
	有能化／社会化	活動優位のPBL 反復的なインプット教育 （ドリル、ビジネスフレームワークの特訓）	高度な知識習得教育

設計者が、どんなメカニズムで学びが起きると考え（学習理論）、何を意図（教育の機能）して学びの場をデザインしているかを整理した表。教育の機能と学習理論はそれぞれに親和性があるものもあるが、実際の学びの場は、意図するであろう機能と、前提としているであろう学習理論に距離があることも多く、この表はそれらを整理するためのものである。

に考えづらい。しかし実際は、主体化を願いながら、行動主義的学習観によってデザインされている場は少なくない。そうなると意図せざる帰結として、実質的には有能化や社会化になる。

筆者が本書でこれから紹介していくのは、主体化×社会構成主義的学習観の枠に入る学びの場のデザインの仕方である。

ここまでの整理を踏まえて自分の学び観・教育観を確認し、それに基づいて、テーマややり方を選ぶのもよいだろう。本書で紹介していく内容に重なっていれば、具体的なデザインに関する説明は有効な学びとなるはずだ。もちろん重ならない場合もある。ただ、これから取り組まなければいけない授業、研修を念頭においた際には、生み出したい学びや価値観自体を棚上げしたり、更新したりする必要も出てくるかもしれない。例えば、「有能化」こそが重要である、と思っていたとしても、その中身の知識やスキルは実際に使われてはじめて価値を生む。それらを積極的に用いるためには「なぜその知識やスキルに価値があるのか?」「何のために活用できるのか?」といった、知識やスキルそのもの、あるいはそれらを用いる目的に対する主体的な構えが必要で、その構えを醸成するためには、本書で紹介する学びは非常に有効なものとなる。

大切なことは「選べるようになる」ことだ。学びの場のデザインを生業にする方は、何か一つの授業や研修をつくれば仕事が終わるわけではない。異なる特性のデザインが入ったさまざまな引き出しを自由自在にひらき、いろいろな方法を駆使して学びの場をデザインできるようになることが重要だろう。その一つの引き出しをつくりあげていくために、次章から学びの場のデザインについて紹介していく。

注

（1）ビースタは加えて数学教育についても三つの機能から論じている。知識やスキル、洞察と理解を提供することが資格化（有能化）、カリキュラムに数学が存在し、テストがあるということ自体が数学の重要性についてのメッセージを伝達しており、これが社会化。割り算を、公平さや正義についての問いを引き起こすような分配する行為として扱うことで主体化としての可能性を探求することができるかもしれないと主張している。

（2）指導する立場の人の行動や態度の背景にある価値観や慣習、意識している社会的なメッセージ、教育機関の文化、ルールや風習などからもヒドゥンカリキュラムとして学び手にさまざまなことが伝わる。

（3）創発という用語は専門的には、少なくとも「還元不可能性」、「意図の不在」という二つの意味が含まれる。還元不可能性というのは、創発されたものは、それを作り出すための要素の性質からは説明できない、つまり還元ができないという意味である。水のもつ性質は、その要素である酸素、水素の性質をいくら分析しても出てこない。もう一つの意図の不在というのは、創発のプロセス、メカニズムをコントロールしているような、誰か、何かは存在しないという意味である。水は道路やＰＣのように人間（あるいは神？）の意図によって生み出されたものではない。中枢の命令によらない要素同士の相互作用の集積によって、全体として特異的なシステムが生み出されるというのが創発という言葉の肝となる（『私たちはどう学んでいるのか』11、12頁）。

（4）白水は「知識をつくりだす」、という表現とともに「学ぶとは概念を変化させること」（白水『対話の力』１２５頁）とも言っており、こちらの表現の方が共感しやすいかもしれない。

（5）教育心理学者の鹿毛雅治は、『授業という営み―子どもとともに「主体的に学ぶ場」を創る』のなかで「学習態度は学習に関連する対象にまつわる個人的な理解や価値観の反映」であり、「その対象に対するその後の意欲を規定する」としたうえで（33頁）、学習体験の積み重ねで培われるものであると説く。学習態度の態度とは「ある人が、ある対象（人、モノ、コト）に対して、どのように感じ、考え、かつ振る舞うかという反応準備状態」（32頁）であると説明し、「真面目」や「怠惰」と表現されるものとは異なる。ここでいう「学び観」は鹿毛のいう学習態度と重なる意味合いで用いている。すなわち、学びの体験によって、それは培われるものなのである。

（6）ロバート・キーガンの研究領域は成人における発達である。そして三つの知性の発達段階は成人期以降を対象としている。一方で、発達には個人差があり厳密に年齢によって決まるものではないともされている。

第II部

学びの場をどのようにデザインするか？

第3章 三段階の問いと対話の構造

前提を整える

ここから具体的な学びの場のデザインに移っていくが、本章以降を読み進めていただくうえで、改めて二つ、意識しておいていただきたいことがある。それは、すでに紹介した「学び手の日常体験の変化」に関連することである。第1章で、社会の現状とこれから起きようとするマクロな変化を確認したうえで、「垂直的成長」につながる学びの重要性を確認したが、この重要性を後押しするもう一つのポイントとして紹介したのが、学び手の日常体験の変化とその背景だった。

現実世界では「起こりうる未来へのリスク」が蓄積し、国、年齢、志向性、格差、持つ者と持たざる者など、さまざまな領域で分断も進む。その一方でスマートフォン、インターネット、SNSといった便利なツールに意識が奪われ、気づかぬうちに同質性の高い集団のなか、共感的な情報のなかに身を置き、なかば思考停止しながら日々は進んでいく。自分がとらえている情報の外に膨大な情報が存在すること、自らの意見や考えとは全く異なる主張や発想が数多に存在することには気づくことさえ難しくなる（あるいは「見て見ぬふり」ができる）。「世界につながっている」と思い込みながら、意外性や違和感から遠く離れたところで、閉じた世界を我々は生きている可能性がある。こうした変化は「具体的にどのような学びの場をデザインするか」ということに対しても大きな示唆を与えてくれる。

「学ぶ営み」自体に関心を引く

垂直的成長につながる学びとは自身の〝ゆらぎ〟によっておこる。自らがもっている知識や概念、あるいは価値観や視点、考え方が、外部からの刺激によってゆらぎながら、新たな知識の獲得や概念変化、価値観の更新、視野の拡張はおきていく。これまで述べたとおり今日は適応課題にさまざまな場面で出くわす状況となっているが、気づかなかったり、意識を向けられなかったり、あるいは技術的問題として扱うことで、その機会から距離を置いている。各人に最適化され、耳障りのよい情報との接点が無意識に増え、情報だけでなく選択肢さえも（限定的に）与えられることに慣れ切った日常で、「ゆらぎ」に出会う機会は少ない。人と人がやりとりをすれば、コンビニの買い物にしろ飲食店のオーダーにしろ、いら立ったりもやもやしたり、互いに「話が通じない！」と思うこともときにはあるはずだ。そうした機会は、「待てよ、これは相手が正しいのか？」、「自分と相手は何がずれているのか？」、あるいは「なんで自分はこうもこのことにいら立つのか？」など、問いが生まれるきっかけでもある。しかし非対面、非接触サービスも増えるなか（つまり利便性が高まるなか）で、そうした機会も減っている。こうしたなかでは積極的に「ゆらぎ」に向かっていく意識ももちづらいだろう。それでも、その距離を縮めて学びを届けようとするのであれば、「ゆらぎを含んだ学びの営み」に関心を向けさせ、プロセスに学び手を誘っていく工夫がとても重要になる。

「正解探し」からの解放のデザイン

加えて、そうした日常を踏まえると「正解を探すマインドからの解放（私として学びに取り組むマインドの醸成）」も重要となる。精神分析学を専門とする村上靖彦は『客観性の落とし穴』（ちくまプリマー新書、2023年）で現代社会における数値と客観性への過度な信仰の問題を指摘しているが、[1]「それってあなたの感想ですよね」が2022年、しかも小学生の流行語ランキング1位となったことからも、[2]客観性を極端に重視する風潮が広がっていると感じざるを得ない。ネット動画等の影響だろうが、小学生年代でさえ主観や私見によってものを言いづらくなっている可能性が高い。加えて、「ブロック大会」や「友だち確認」（「これからブロック大会します。ブロックされたくなかったらスタンプ押してね。」といった書き込みをSNSで行い、スタンプが押されなければそのアカウントを実際にブロックすること。）といった現象が中高生の日常には起きている。他方、社会人においては上司や先輩からのLINEグループへの発信に対するリアクションの速さが評価につながり、パワハラやセクハラの温床になるといったことも発生している。

大人にしろ子どもにしろ、「俊敏で肯定的なリアクション」が差別と排除から逃れるいわば生存戦略になっている。そんな空間では「自分は本当はどう思うか？」なんてことを考えている一分一秒がリスクとなり、自分の考えは置いておいて、いち早く前向き（文脈および状況共感的）なリアクションを返すことがその会社や組織で生き延びること（居心地の良い空間の確保、出世や評価）へとつながる。このようななかで、学びの場においてのみ突然「客観性」や「俊敏で肯定的なリアクション」を手放し、「自分は本当はどう考えるか？」と、主観や私見を大切にしながら、「私として学びに取り組む」ことは、簡単なことではない。一方で、これまで示してきたとおり、垂直的成長につながる学びは「私」として取り組まなければ成立しない。だからこそ、それが可能となるデザインが、学びの設計者側に必要となる。

では、どのように工夫するのか、ということは具体的な検討を通して示していくが、学び手が「いま生きているミクロな世界」の変化は、学びの場を具体的にどのようにデザインするかを考えるうえでこそ重要となる、ということを意識しつつ、ここから先を読み進めていっていただけたらと思う。

三段階の問いと対話の連関構造

それでは、これまで示してきた〝学び〟をどのように生み出していくのか、ここから、前章で確認した問いと対話の価値を中心とした学びの場のデザインの方法を示していく。本書が示す学びの場のモデルは「三つの問いとその問いに対する対話」によって骨組みを設計するというシンプルなものだ。

探究学習にせよ、ワークショップ形式の研修にせよ、問いの重要性はどんなところでも主張されることだ。しかし、「一つの問い」でできることには限りがある。そして、「答えやすさ（心理的安全性が高い、答えるのにそうハードルを感じない）」と「問われることでゆらぎが起きる可能性とその大きさ」は得てして反比例の関係にある。だからこそ「複数の問いと対話の連関構造をデザインする」ことが重要になる。複数の問いを組み合わせることで、多くの人に対して学びへの入り口を開き、学びのプロセスに転換点をつくり、学びの場が終わった後に向かう出口をつくる。入り口があり、転換点があり、出口がある、このそれぞれを問いと対話によって積み上げていくことで、概念の脱構築という体験や、垂直的成長に向かう学びにつながる体験をつくっていくのが、三段階の問いと対話の連関構造をデザインする、ということだ。

中身に入っていく前にまずは「三つの問いとその問いに対する対話」という骨組みをデザインすることの重要性を、「学びの場をデザインできるようになる習熟のプロセス」を示しながら確認したい。

習熟のプロセス

世の中には学びをデザインできるようになるための書籍がたくさん存在する。学校教育においては教科教育の授業づくりが主なものだったところから、「探究学習」の専門書も多く出版されるようになった。あるいは社会人教育においても研修設計やワークショップデザインに関する書籍はたくさんある。そういった本を手にした人々が試行錯誤しているわけだが、それでもその質にばらつきがでる一つの理由は、「デザインできるようになるための習熟のプロセス」を踏まえずに資料にあたり、そこに示された型を実践するからだ。書籍の多くには、フレームや考え方自体を示してくれるものも少なくないが、「事例」をもとにした「完成系の型」をインプットするものが多い。

筆者も、数年前はじめてこの領域に足を踏み入れた時にはそういった本を読み漁り、実際に試してみたが、そのまま使える事例はほとんどないということに早々に気づいた。学び手の状況、規模、届けたい学び、提供できる時間、すべてが事例どおりという場面など存在しない。だからこそ、「学びをデザインできるようになるための習熟のプロセス」を認識し、「事例の使い方」自体を検討する必要があった。

筆者は**図表5**のとおりに3ステップの習熟のプロセスを描いている。

ステップ2の実践編に事例の活用があるが、これはステップ1の基礎設計ができるようになってからでなければ、意図（その学びの場において実現した

図表5　習熟のプロセス

ステップ1	基礎編	意図をもとに「問い」と「思考」・「対話」の連関構造を設計する	理論とフレーム
ステップ2	実践編	言語活動の連鎖に「活動」や「情報提供」を効果的に編み込むことで、情動を動かし、より広く深い学びを起こすプロセスとする	事例と実践
ステップ3	発展編	基礎編・実践編の取り組みを統合的に行い、さらに幅広い工夫を加えていく	アート・身体知性・クリエイティブ

いこと）を実現する形で事例を活用することはできない。事例の方に現実を当てはめることとなり、狙った学びの場をつくれない、あるいは事例が想定する状況と現実が大きく異なることによって不具合が生じるなど、事例に振り回されることになる。逆に**図表6**のとおり、基礎を丁寧にデザインした学びの場という土台のうえには、アレンジが無限に可能だ。第1章で、探究学習・ワークショップの〝魔法の杖〟化という問題を指摘したが、土台に適切なアレンジを加えられるようになれば、それらはさまざまな学びを生み出す〝技術（テクノロジー）〟になりうる。「問い①→対話①→問い②→対話②→問い③→対話③」という骨組みを基礎としながら、自身がこれまで受けた学び、誰かの実践、書籍で紹介される手法、調べ学習や外部からの情報提供といった具体的な方法をその骨組みに加えてアレンジしたり、あるいは問いの数を三つではなく四つ以上にすることも時間が許す限り可能だ。

図表6　学びの場のデザインにおける骨組みとアレンジ

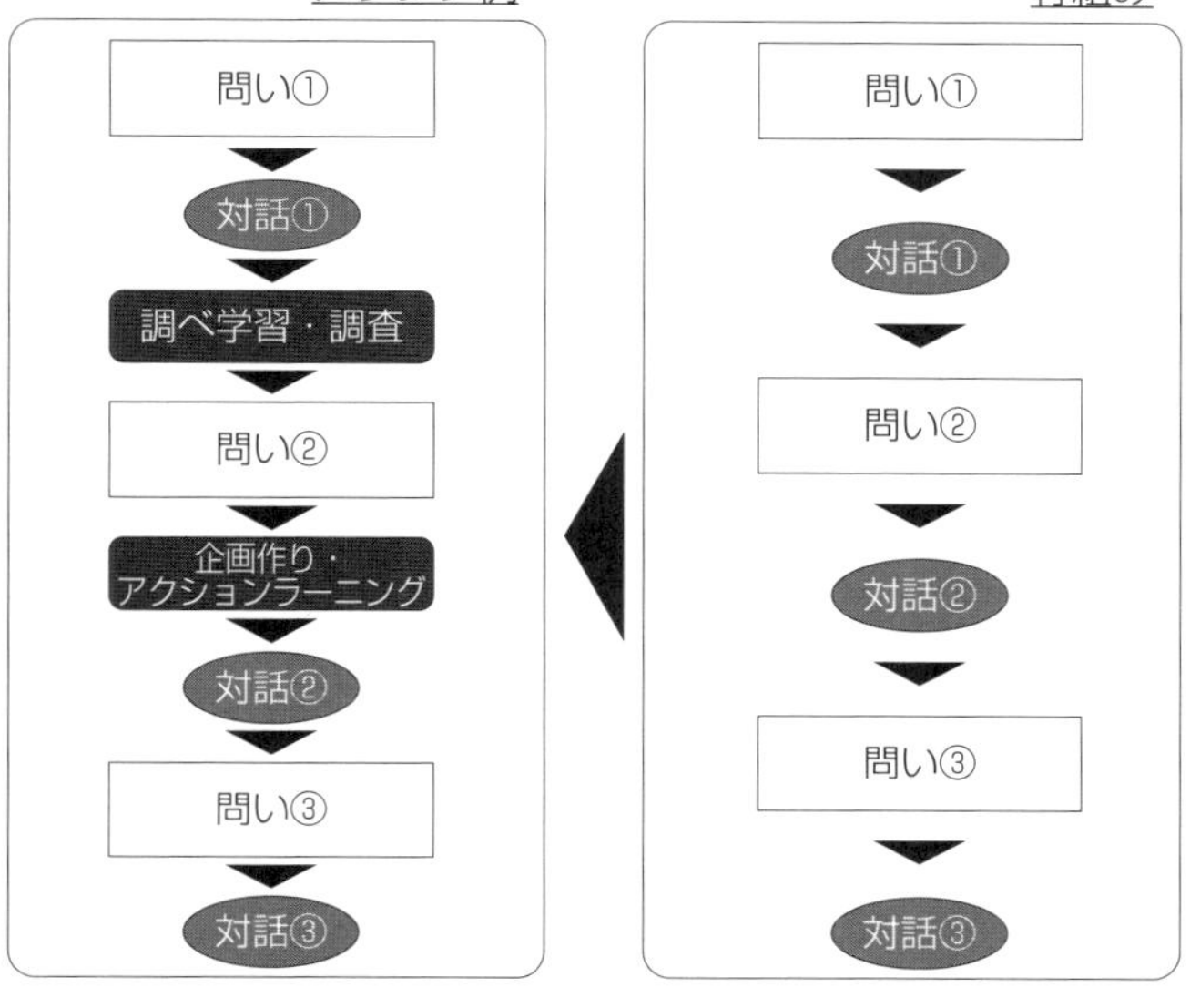

まずは、三つの問いと対話で骨組みをつくる。そのうえで、一つ一つの問いにより広く、深く取り組めるように、活動（調べ学習や調査、企画作りなど）を後から盛り込んでいく。

　本書では扱わないが発展編であるステップ3は、事例ではなく、さまざまな学びのエッセンスを自ら生み出し、骨組みに盛り込んでいくフェーズである。学びが生まれるゲームを考案したり、アート活動、身体活動などさまざまな要素を盛り込みながら統合的に学びをデザインしていく。これは、「人はなぜ学ぶのか」、「人はどんな瞬間に学ぶのか」ということへの深い洞察をもって、実験的、創造的に取り組んでいくフェーズとなる。

数日、数週間、それ以上の長期間にわたる学びの場をデザインするために、「大きな三つの問いとその問いに対する対話」の構造をデザインしたうえで、一つ一つの問いに向き合うための「小さな三つの問いとその問いに対する対話」を入れ込むような入れ子構造をデザインする、という方法もある（**図表7**）。

これらの土台となるのがステップ1であり、本書において主に紹介していく基礎編である。活用しやすいようシンプルなフレームを示していくとともに「考え方」や意識すべき点、工夫の仕方を丁寧に紹介していく。この基礎編を身につけることで、〝問い〟と〝意図〟に注目できるようになり、他者の実践の構造をより深く理解できるようにもなる。そして書籍で学んだ事例、あるいは自らが学び手として参加したワークショップ、印象に残っている授業を読み解き、分解し、自らのデザインに組み込んでいくことができるように

図表7　長期間にわたる学びの場のデザイン

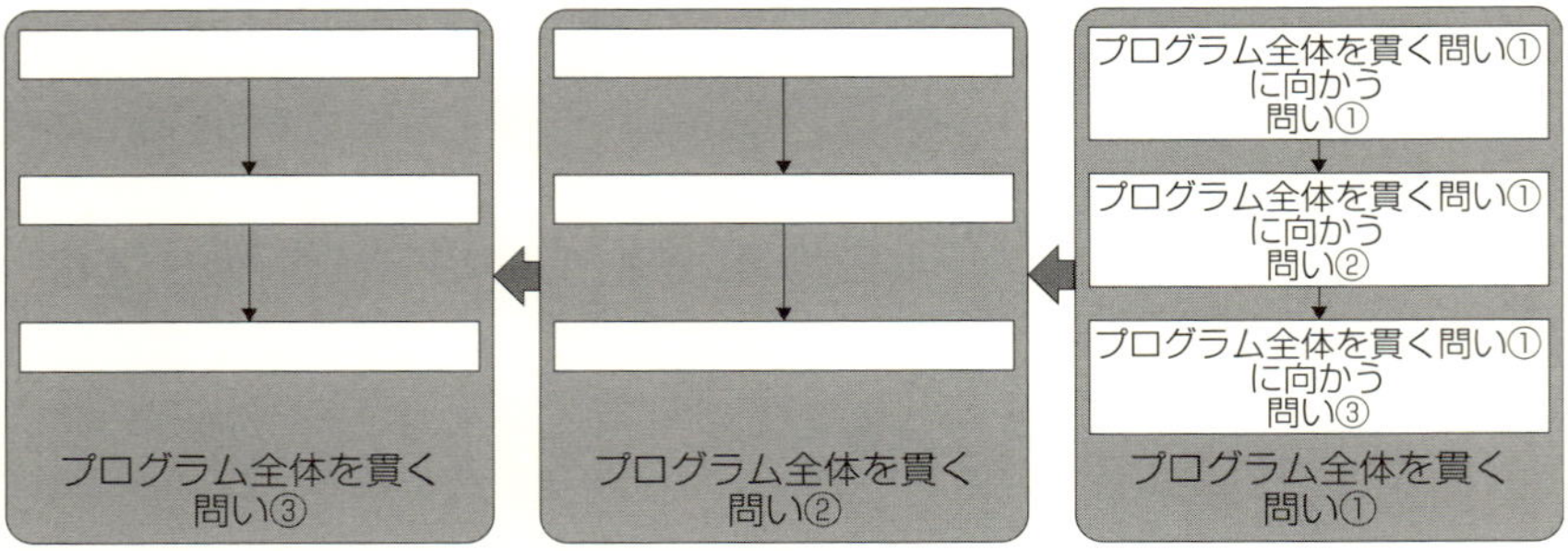

三つの問いと対話によって大きなプロセスをデザインし、一つ一つの問いに対し、小さな三つの問いと対話のプロセスをデザインすることで、長期の学びの場をデザインしていく。

なる。その繰り返しのなかで、日常的に触れるすべての事象、活動が学びの場のデザインに活用できることに気づき、ステップ3へと至ることができる。つまり、基礎編は学習によって習得する必要があるが、実践編、発展編は実践の繰り返しによって磨いていけるのだ。

「活動」と「学び」の関係

実際に学びの場をデザインしたり、さまざまな学びの場に参加してきた方はおわかりのとおり、探究学習にしろワークショップ形式の研修にしろ、問いと対話は「その一部」でしかなく、プログラムにはさまざまな「活動」が盛り込まれており、むしろその活動こそが中心に据えられていることが多いだろう。社会課題に対する企画の立案や、新商品の開発、自社の課題解決やケーススタディといったプロジェクト型の学びの場が非常に多く、そのなかで、問いと対話は、「振り返り」の場面では行われるが、みんなで何かをつくったり、構想する時間のボリュームの方が大抵大きいのも事実だ。しかしここに大きな落とし穴がある。そのことには十分すぎるほどの注意が必要なため、事前に触れておきたい。

プロジェクト型の学習やアクションラーニングの要素を盛り込んだ研修において、活動を盛り込むあまり、アウトプットの質を高めることに学び手だけでなく提供者の意識まで集中してしまい、「活動あって学びなし」になってしまうことがあるのだ（学び手が活動に没入することは、学びにとっておおむね有効である）。

「事業創出」か「人材育成」か

社会人を対象にした研修、しかもその研修を通して実際の事業における課題解決や新商品につながる有効なアイディアを生み出すこと、あるいは水平的成長（例えば新商品を開発していくためのフレームの習得や論理的思考力、プレゼン力など）にむけたトレーニングを目指すのであれば、活動の質、活動を通したアウトプットの質を高めることに意識を向けることが重要だろう。

一方、研修で生まれるアイディア自体ではなく、研修後に「新たなアイディアを生み出せる人材」、あるいは「生み出すことに取り組み続ける人材」になってもらうことを願う場合は、考え方自体を変える必要があるかもしれない。もちろん、そうした学びを、実際の課題解決の取り組みを通して行っていくことも可能ではある。「人材育成ができて新規事業のアイディアも生まれて一石二鳥！」とも思えるだろう。しかしそういった研修でよくあるのが、その研修内では参加者各チームは何らかの企画を生み出し、新規事業になりうるアイディアも生まれたが、その後元の職場に戻ってからの働きが一切変わらない人が多い、という現象だ。そうすると、「新たなアイディアを生み出すためには毎回研修をしなければならない」という事態に陥るが、本当に効率を考えるのであれば、目指すべきことは、研修後に所属する現場でそれぞれがそれまで以上に新たな価値創造に恒常的に取り組むようになることだ。さらに言えばその姿勢が他の社員に伝播していくことだろう。すでに紹介したとおり、ハイフェッツらは、適応課題があたかも技術的問題のように扱われてしまうことで、本質的な課題解決や価値創造が行われなくなることを指摘した。新規事業開発に関する研修を求める企業は、既存事業に行き詰まり、新たな可能性を模索しているわけだが、「何か一つのアイディアで現状を打開できる！」というとらえ自体が、技術的問題としての取り組み方かもしれない。本当は、あらゆる業務にあたる一人でも多くの社員の働き方に変革を起こしていくことが求められている場合のほうが多いだろう。既存事業においても適応課題を目の前に、これまでの前提を手放した挑戦や新たな取組みが必要となっている企業が増えているはずだ。適応課題に取り組めるような変化を研修後にもわたって生み出していくためには、その人材に垂直的成長の機会を提供する必要がある。すなわち研修を受けた人材が、その後も前例にとらわれず課題を見つけたり、ユニークかつ本質的な価値創出に主体的に取組むようになるためには、自己の価値観や常識の更新を伴った恒常的な変容（目的としての学び：人材育成）が求められる。そして新規事業の検討を通して、課題や目指されてきた目標が前提とする価値基準や世界観を疑い、更新したり、前例や常識を手放して企画を検討したりする体験（手段としての活動：事業創出）はその絶好の機会となる。もしそうできたとしたら、たとえ研修内で生まれた企画の質が高くなかったとしても、その社員だけでなく企業が得られる成果は大きいはずだ。なぜなら限られた研修よりも、日常的な業務の方が圧倒的に時間が長く、その質が高まることには大いなる価値があるからだ。

学び（場を通した参加者の変容や成長）が大事なのか、活動（検討される企画、生まれてくるアイディア）が大事なのか、そこをはき違えないことが重要だ。ちなみに、その研修の場を通した新たな価値創造（実際の新商品開発、課題解決等）を目的にするとしても、自身の世界観や価値観の更新に向き合うプロセスは非常に有効なものとなる。過去のしがらみや前提を取っ払い、本質的かつ新しい視点からの取り組みが生まれることが圧倒的に多く、そのアウトプットは、他の取り組みでは見られないほどにイノベーティブで大きなインパクトをもたらすものになる。これが、企業人の研修設計に取り組む方にとって、この学びの場のデザインを身につけることが大いに価値があると筆者が考える大きな理由でもある。

大人の真似事がはらむリスク

学校教育をはじめとした次世代教育で取り組まれるPBL（課題解決型学習）などでは、さらにこの点に注意しなければならない。(3) ビジネスの領域で取り組まれる課題解決や新商品開発、ソーシャルな領域で行われる社会課題や地域課題解決などは、ここ数年学校教育で幅広く取り入れられるようになった。ビジネスパーソンを学校に呼んで、やり方をレクチャーしてもらったり、ビジネスフレームワークを高校生や中学生用にアレンジし用いる授業もたくさんある。筆者が教育と探求社という会社で開発している教育プログラムにもそういったものがある。こうした、活動をメインに据えた学びのプログラムが実践される背景には多くの場合、「社会で価値を生み出せる（課題を解決できる、新たな何かを生み出せる）人を育てたい」という願いがある。授業の冒頭で、テクノロジーの発達やグローバルな経済の変化、働き方や就職市場の変化など、主にビジネスの領域を取り巻く社会の変化を示し、これまで優秀とされていたビジネスパーソンと、いま、あるいはこれから求められていくビジネスパーソンの姿の違いを示しながら、そういったビジネスパーソンが実際にいま取り組んでいることを、今のうちから挑戦しておこう、と生徒をモチベートする。この考え方自体は否定しきるものではないが、「これから求められていくビジネスパーソン」のようになることを「いま求めるのか、将来に求めるのか？」、この問いが重要だ。筆者はそもそも、「これから求められていくビジネスパーソンのようになることを目指す」という考え方自体に懐疑的であり、(4) 少なくとも、すべての生徒にいますぐにそうなることを求める必要はないと断言したい。学校教育に関わる方には少なからず共感いただけるのではないかと思う。「では、仮に将来に求めるとしたらいますべきことは何なのか？」ということを一度考えてみてほしい。もちろん、世界を見渡せば、10代、あるいは10代前半から世界的な課題を解決する事業や取り組みを行う人々は存在する。そういった人々には、若い頃からビジネスフレームワークに触れたり、実際に課題解決に取り組む体験が有効だったかもしれない。しかしすべての人がそうとは限らない。これは、すべての人がそうなるわけではない、あるいはそうなれるわけではない、ということではない。そうなれるかもしれないが、そうなるプロセスは、大人の真似事[5]を早くからすることである場合は少ない、ということだ。だからこそ、発達段階を意識した学習理論のような領域の研究が丁寧になされてきたのだ。変容や発達には段階や順序を踏まえる必要があり、型から入っても学びが起きなければ「上手な真似事」にはなっても本質的な学びにはなりづらい。

手段の目的化

もう一つ注意が必要なのは、そういった学びの場は見栄えが良い、ということからくる。

多くの自治体、学校が「開かれた学校」を標榜し、政府も民間と学校の連携を推進するなど、いまでは学校教育にさまざまな大人がかかわるようになってきた。活動をメインに据えた学びは、特に広く社会の方々が関わりやすく、学校としても関わってもらいたいと考える学びの一つであろう。外部からのサポート、本物（実践者や専門家の大人）からの刺激は中高生の学びに多くのポジティブな影響を与える。一方で、企画作りや課題解決など活動を真ん中に置いた生徒と社会人の関わり合いの焦点は、企画の完成、企画の質の向上へと知らず知らずのうちにどんどん向かっていく。支援してくれた方々を含む外部の方を呼んで発表会が開催されることも多いが、会社で研修の最終発表の場に経営層や研修参加者の上司を呼ぶ研修担当の人事と同じかそれ以上に、多くの担当の先生たちはプレッシャーを感じているように思える。「サポートしてもらっている」という構えにいる学校、先生は、関わってくれている外部の方に「関わってよかった」と思ってもらえるように（満足してもらえるように、落胆されないように）、生徒の最終的な発表の質を高めることに意識が向きがちだ。人材育成を目的としながらも、最終的なアウトプットを上司や経営層にプレゼンしたり、優れた企画を選定して社会実装していくことになっている社会人向け研修も同様だ。学びのための手段だった活動が、気づいたら目的化されていく可能性がある。

第6章で丁寧に紹介するとおり、活動を学びに組み込むことは、有効な手段である。うまくやれば学び手のモチベーションを高め、活動への没入が、振り返った時の学びを大きくする。実社会から切り離されがちな学校の授業でそういった取り組みが行われることの生徒へのインパクトもとても大きい。外部のリソースがより積極的に学校教育に加わってくれることも素晴らしいことである。

重要なのは、どんな学びを起こしたいのか、という意図を明確にしたうえで、「その学びを実現するための手段として活動を用いる」、ということを、デザイン段階、実施段階、そして外部の方を巻き込む段階まで、徹頭徹尾つらぬくこと、関わるすべての人に「何が目的の場」なのかということを明確に確認し共有しておくこと。あるいは設計者がその意図を手放さず外部の方との接点をうまく活用することだ。そのためにも、全体を支える土台としての「問いと対話の構造」をデザインすることが重要となる。

どんな人に学びを届けるか——ニーズをとらえる

前提が整ったので、ここから「意図を実現するための学びの場のデザイン」について考えていく。学びの場をデザインするためには、実施に費やせる時間、複数回にわたるのであれば回数や期間、場所の環境、活用できるファシリティ等々、前提条件を正しく認識する必要がある。釈迦に説法だろうが、なかでも、生徒にしろ社会人にしろ学び手がどんな人々なのか、ということは何よりも重要な情報である。

顕在的ニーズ・潜在的ニーズと三階層の価値

社会人の研修には、上司や部署の指示で参加する必須の研修と、個人が自由意思で参加する研修がある。前者は、何を身につけるべきかが明確に定義されており、その習得の度合いが学び手とともに研修の評価となる。第2章で紹介した教育の機能でいうと、有能化を意図した研修が多いかもしれない。昨今は、経営層を中心に第1章で述べたような社会状況への認識をもって（そう表現されることはまずないが）主体化の学びの必要性も認識されてきている。ただし、研修の実施を決める層の狙いと研修の受け手の考えが完全に重なっている場合ばかりではなく、「何を学んだかがわかりやすい学び」、「報告しやすい学び」を学び手は求めている、といったことも少なくない。自由意思で参加する場合においても、より多くの受講者を集めたり、あるいはクライアント企業に営業しようとすると、成果が見えやすい研修としてアプローチしたほうが人は集まりやすい。つまり、第2章末の**図表4**「学習理論と教育機能の掛け合わせ」（51頁）でいうところの右上の学び（主体化×（社会）構成主義的学習観）を求めてきた人に、その学び（垂直的成長につながりうる学び）を提供する、という場面は実はそう多くない。そして学校教育においては社会人研修以上に発生しづらいだろう。全国津々浦々、地域、学力、状況もさまざまななかで、当然ながら生徒一人一人の学び（学校、教室、授業）に向かう意識には大いにばらつきがある。実際筆者らがデザインするプログラムに取り組む学校も、地域、偏差値、進路は本当に多様で、生徒一人ひとりを見ても、「授業は部活までの寝る時間」と思っている生徒も、学校に来ること自体にネガティブな生徒も当然いる。

そうした状況を踏まえて学びを提供する相手、生徒、社会人のニーズを「顕在的ニーズ（学び手が欲しがっている学び）」と「潜在的ニーズ（学び手は気づいていないが必要な学び）」の両面からとらえておくことがまず大切である。潜在的ニーズを意識することは学び手にとっては大いなるおせっかいかもしれないし、学び手のニーズというより設計者の意図の表れである部分も否定できないが、第1章で示した世界観からすると、そこに本質的価値はある（そもそも教育とは大いなるおせっかいの部分を排除しきれない）。

そのうえで、筆者は、その多様なニーズを踏まえて届けるべき学びを三階層で意図してデザインすることを意識している。三階層というのは、表層に知識、スキル、中間層に転用可能なフレームや考え方、そして深層に意識変容（垂直的成長体験やそこに向かう意識、意欲、姿勢、体験）を置くという考え方である。顕在的ニーズは多くの場合、表層、中間層の学びに向けられることが多く、本書で取り扱っている学びは深層を対象にしたものである。

例えば、シナリオプランニングというワークショップがある。アパルトヘイト後に黒人政権への移行を図る南アフリカで未来を描く手法として用いられたことで知られるこの手法を、筆者もアレンジして用いている（図表8）。未来に関するさまざまな情報に触れながら「絶対起こる未来」、「起こってほしい未来」ではなく「起こりうる未来」を探求し、その未来に対する対応策やアクションを考えていくこのワークショップを三層で紐解くと、表層には「未来で起こりうる事象や未来予測、その幅広さ自体」という知識の学びがある。そして「働き方」「テクノロジー」「環境」といった未来予測に有効な領域や、未来に起こりうる現象を分類する際に用いる「インパクト×不確実性というフレームワーク」としての学びが中間層の学び。そして、思っていた未来とは全く異なる未来が自分たちの思考と対話によって生み出されていく営みを通して「自分たちがもつ思い込み（思考の枠）への気づき」に至る、という意識変容につながる学びを深層の学びとして意図している（図表9）。実際、学び手には、自身の未来予測の狭さに気づく人（知識獲得による学び）から、常に自身が思考の枠にとらわれるという前提をもって生きていく必要があるということに気づく人（意識変容の学び）まで幅がある。そして後者の人々が、最初からそのことを顕在的ニーズとして

図表8　シナリオプランニングを参考にしたワークショップ

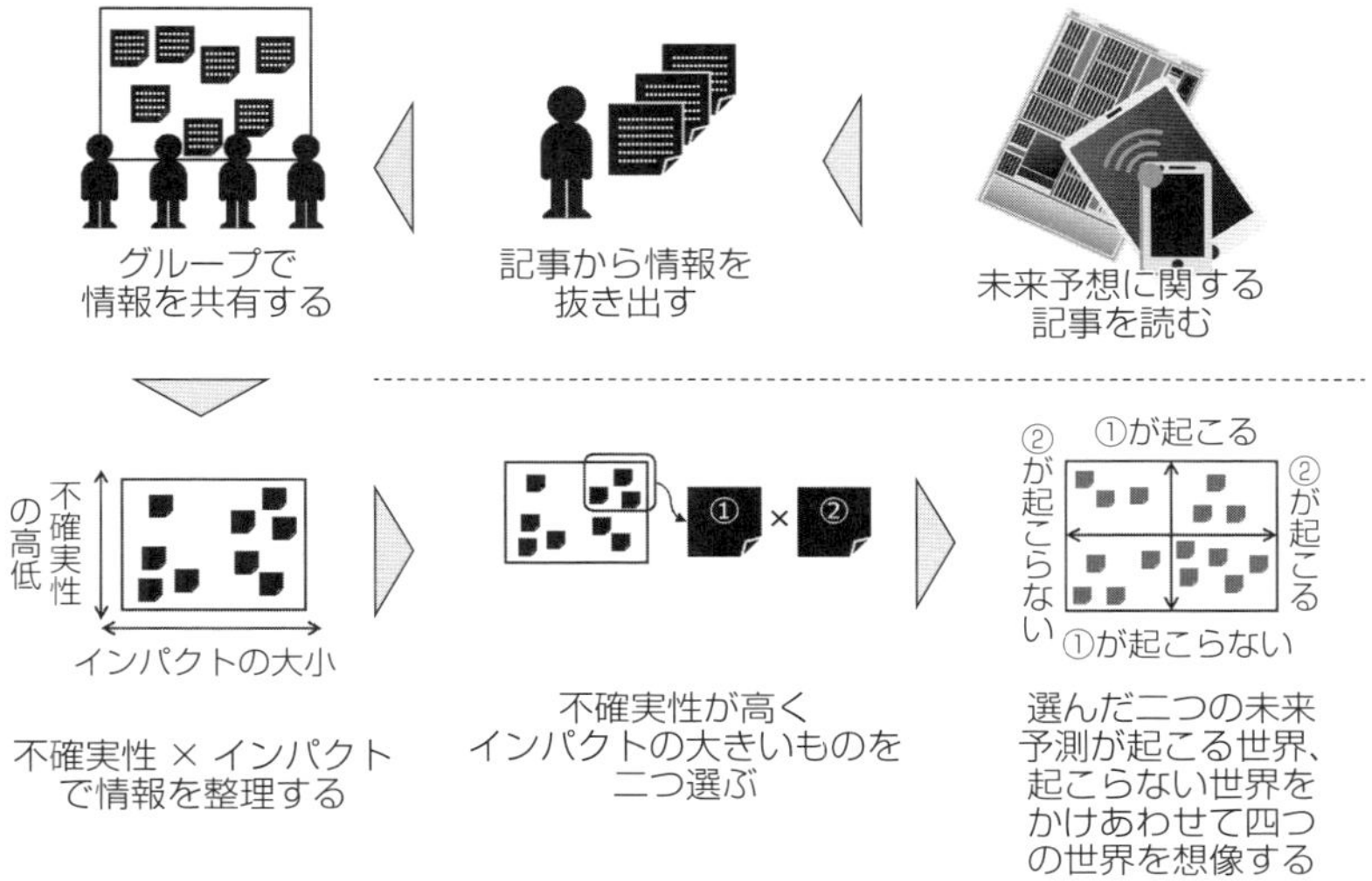

図表9　届ける価値を三階層でとらえる

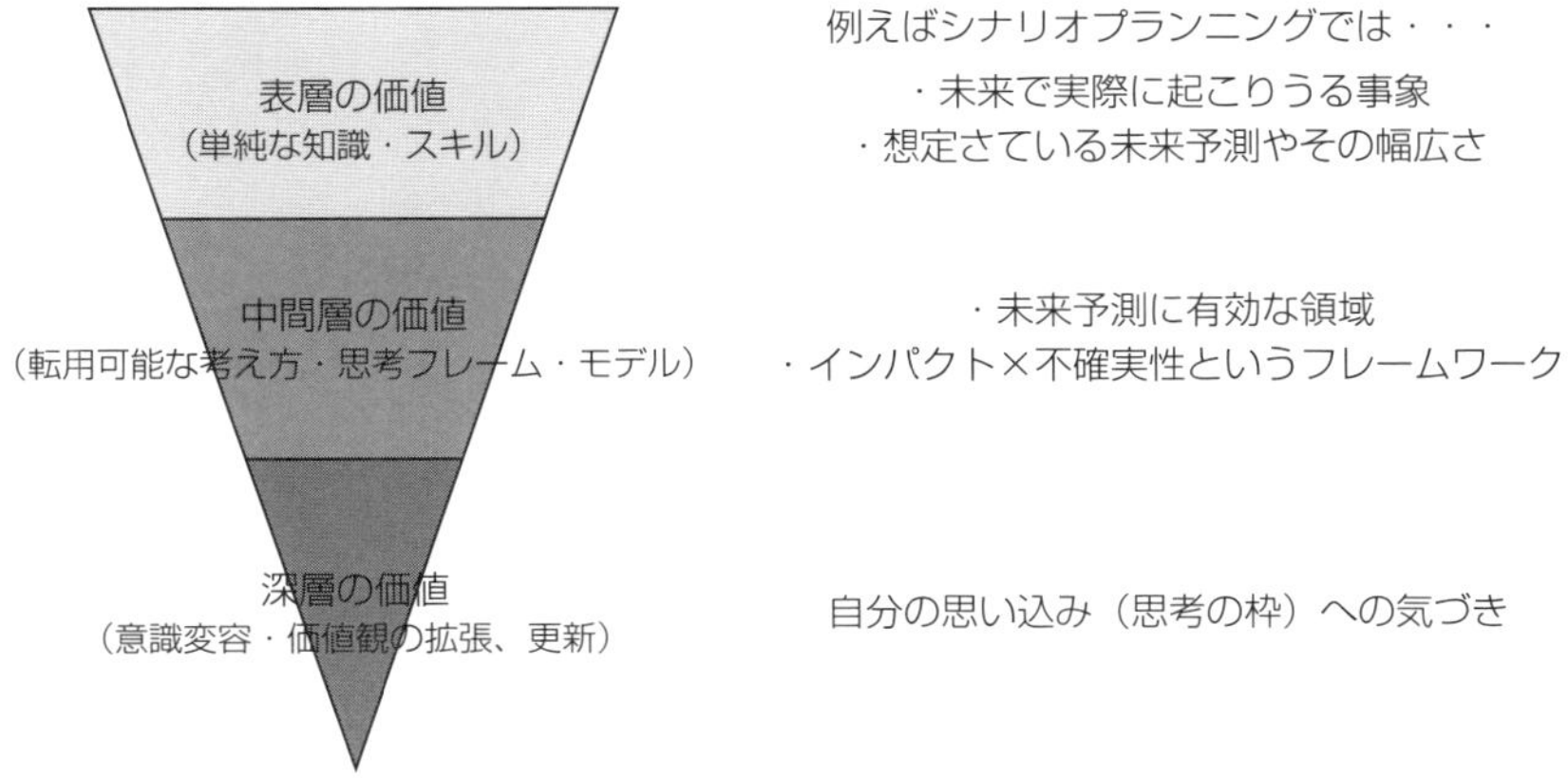

目の前にいる学び手、集まってくる学び手のニーズが多様であるということを前提にして、学びの場を通して届けたい価値を三つの階層に分けて検討、整理する。最も届けたい学びをどこかの階層の一つに設定しつつも、それ以外の階層の価値も副次的に生まれるようデザインしていく。

求めてその場に参加していることはほとんどない一方で、学びを終えた後には大いなる驚きと満足感をもつことが多い。潜在的ニーズとして、その学びを求めていたのだ。

ニーズの多様性をとらえる

学びという現象の発生は、学び手のレディネス（学びへの準備）に左右されるので、すべての学び手が同様の学びを実現することは不可能な場面もある（むしろその方が多い）し、必ずしも必要ではないと筆者は考える。特に主体化を意図しているとしたら、なおさらである（むしろそれが実現していたとしたら、「学んでいるフリ」が含まれている可能性が高い）。それぞれがそれぞれのタイミングにおいて有効な学びを得る、ということも重要なのだ。他方、レディネスが整っている人しか、届けたい学びの場に参加できないとしたら、提供者側が届けたい学びを広く届けていくことは難しい。設計者は、「学びのプロセスを通してレディネスを高めていく」こと自体（顕在的ニーズから潜在的ニーズへといざなっていく）をデザインする必要がある。第6章にて詳しく紹介していくがそれは可能な挑戦だ。

この段階で重要なことは、顕在的ニーズと潜在的ニーズがあるという前提に立つこと、三層で届けたい学びを考えておく重要性を認識することである。顕在的ニーズにありがちな表層、中間層の価値を学び手に届けることは参加者の満足度だけでなく、そもそも学び手を集めること、そして学びの場に対する安心感（「自分が望んだ学びが得られそう」という感覚）や、積極性（「ここでもっと学びたい」という意識）にもつながる。そしてそれは、深層に多くの学び手をいざなっていくための有効な手段となる。

加えて事前に参加者のことがわかるようであれば、参加する学び手のニーズの割合を、デザインする学びの場に組み込む三層の価値でイメージしてみることも有効だ。学校の授業にしろ、オープンに募集する社会人向けのワークショップにしろ、その場にいる学び手は十人十色。行動主義的な学びを起こそうとすれば「マイペースの原理」[6]を採用し、各人に適した段階の学びを届ける、あるいは共通するニーズをもつ人々をグループにして、各グループ内は同様の体験を歩むように学びの場をデザインする方法もある。しかし社会構成主義的な学習観に基づいて学びの場をデザインするならば、ニーズの多様性自体が、その場に学びを生み出す重要なリソースになる。第5章で対話の機能について扱う際に詳しく述べるが、同質性が高い人々が集まる場には学びにつながる対話は生まれづらい。多様なニーズの人が存在し、そのニーズの背景や前提が対話を通して場に出されるなかで、その違いこそが互いにゆらぎを起こし合う起点になる。割合にも意識を向けるのは、三層のどの層だとしても「なぜこの場にいるのか（何を学びにこの場にいるのか）」という顕在化しているニーズという点でマジョリティにいる人たちは場の空気や対話の方向性を大きく動かしていくからだ。一方でマイノリティは心理的安全性が下がり、いづらさを感じて個性が発揮しづらくなり、場から多様性が失われていきがちだ。マイノリティの学び手こそが、居心地よく自らの考えを場に出していくことで、対話が活性化される。だからこそ、性別や年齢、対話を中心とした学びの場に対する慣れや積極性などと合わせて、大まかにでも「三層の価値」という観点から全体のニーズのバランスをとらえることに努め、効果的にマイノリティの人々への配慮を組み込むとよいだろう。

どんな学びを届けたいか──意図を紡ぐ

授業にしても研修にしても、たいていテーマがある。授業であれば単元と呼ばれるものであり、研修であれば課題、あるいはそのまま研修テーマと呼ばれたりもする。第2章の**図表4**（51頁）の枠でみると、それぞれのテーマに親和性の高い枠がある場合もある。しかし第2章の「デザインと学び観・教育観のズレ」で示したとおり、テーマが必ずしも学習観やその学びの場の機能を規定するわけではない。その学びの場を通してどんな学びを届けたいか、という点が何より重要だ。「目当て」、「目標」、「ゴール」、さまざまな表現がなされるが、ここまですでにその表現を使ってきたとおり、本書ではそれを「意図」と呼んでいる。学びの場を通して、どんな学びを生み出していきたいのか、という設計者の願いのことである。

他方、意図を先に練って、テーマを選べる場合もある。そうしたときは「いまこの人たちに必要な学びとは何か？」あるいは「現代社会において必要な学びは何か？　誰にそれを届けるべきか？」といったことを丁寧に考えたうえで、その学びを実現するために有効なテーマを設定するとよい。昨今、学校で行われる探究学習では社会課題や地域課題がテーマとされることが多いが、なぜそのテーマなのか、ということが意図に紐づいていないことも多い。教科の授業とは異なり自由度が高いことにも起因しているが、本来的にはテーマありき（あるいはリソースありき）ではなく、意図、起こしたい学びが先にあり、そのために社会課題が最適なのか、地域課題なのか、あるいは他のテーマが良いか、考えるべきである。そのうえで学び手に取って正対するに足るテーマを考え、選択すべきなのだ。主体化にとらわれず、社会について広く知ってほしいから社会課題、というテーマ選択でももちろん構わないし、「この地域にはいろんな大人がいるから体験の価値を高められそう」という学びのリソースも含みこんで検討しても構わない。しかし「どんな学びを起こしたいのか？」という意図の検討なしにすすめるのは避けるべきだ。このプロセスを踏むことが、「探究疲れ」を回避することにもつながる。

ではどのように意図を紡ぐのか。「意図を絞り込むこと（意図の探索）」と、「できる限り具体的な事象を描くこと（意図の洗練）」が重要なプロセスである（図表10）。

図表10 「意図」を紡ぐ二つのプロセス

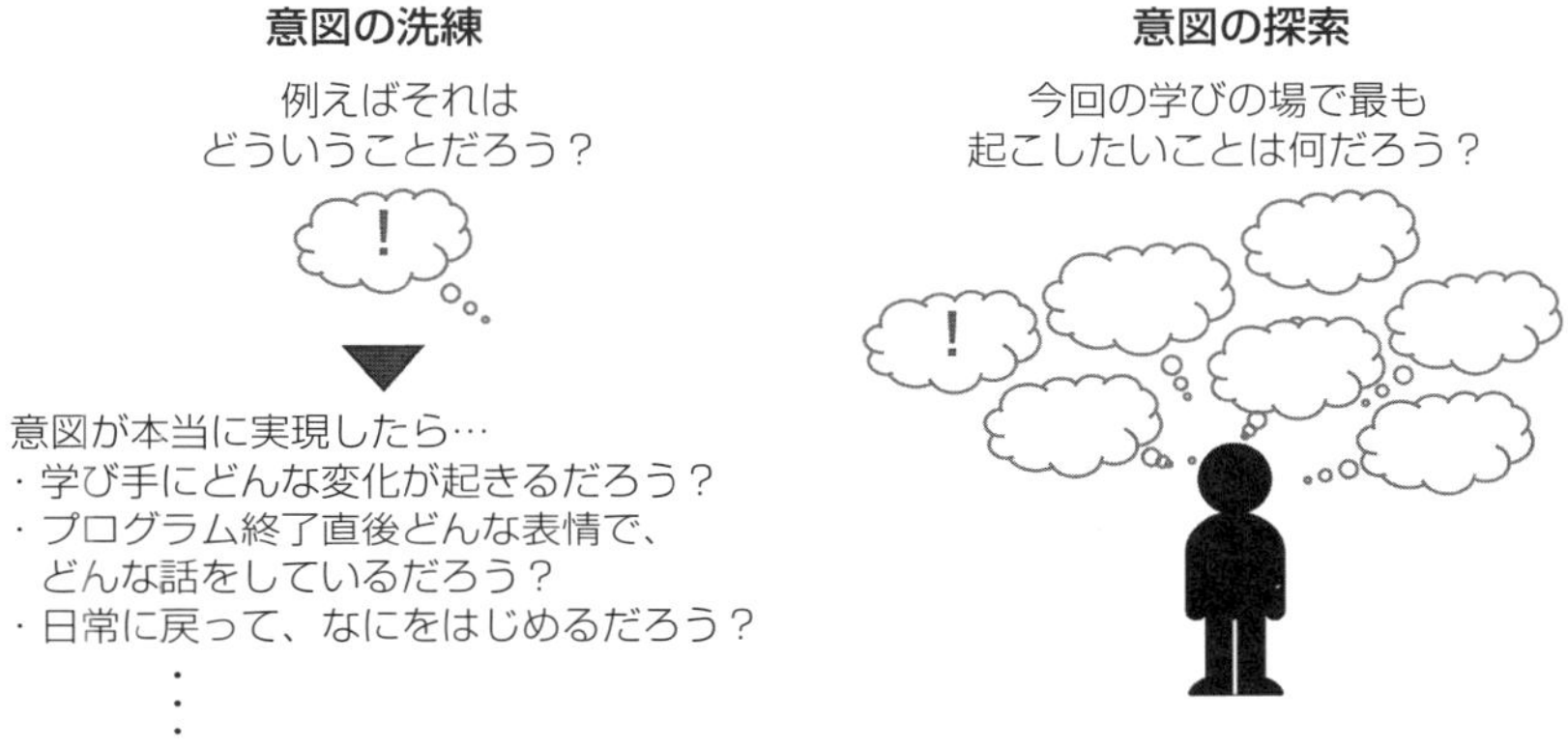
意図の洗練
例えばそれは
どういうことだろう？
!
意図が本当に実現したら…
・学び手にどんな変化が起きるだろう？
・プログラム終了直後どんな表情で、
どんな話をしているだろう？
・日常に戻って、なにをはじめるだろう？
・
・
意図の探索
今回の学びの場で最も
起こしたいことは何だろう？
!

意図の探索

学び手の置かれている状況やニーズについては多様性を前提にすることは重要だが、意図はできるだけ絞りこむこと、表現を変えると、欲張らないことが重要だ。すでに述べたが表層、中間層のニーズをもつ人に対してそれぞれのニーズを満たすことは丁寧に意識したほうがよいが、垂直的成長を意図すれば、深い願いは深層にあることが多い。そうなると、各階層で一つずつくらいの意図を設定したくなったり、なんとなく多方面に意図を置いておきたくもなる。しかしそれでは学びの場が曖昧なものになってしまう。さまざまな願いをもっていることは素晴らしいことだが、一つの学びの場でできることは限られている。今回取り組む学びの場においては何を意図するのか、最も届けたいこと、実現させたい学びはこれだ、としっかり握っておく必要がある。意図の焦点を明確にし、絞り込んでおけば、副次的に発生させたい価値をあとから付け加えていくことは可能だ。意図を明確にしたうえで、表層、中間層に対する価値提供をどのように上乗せするか、という検討の順番が有効だろう。先ほど紹介したシナリオプランニングの例でも、まずは深層における価値（意識変容）を置いてデザインしはじめ、学び手の状態や顕在ニーズを意識して、中間（考え方等）、表層（知識等）の価値を加えていった（価値として明確化していった）。

デザインを進めていく過程で意図は、意識的、無意識的にチューニングされていく。したがって作り始めの段階においては、ある程度絞り込めた段階でいったんそれを仮置きして先に進むということも悪くない。またチューニングされていく前提であれば、大きく理想を描いた意図を掲げてもよいだろう。

意図の洗練

意図が言語化できてきたら、次は具体的な事象をイメージすることで意図を洗練していく。「学び手にどんな学びを生み出したいか」、という問いに対しては得てして普遍的で大きな価値が掲げられがちだが、その焦点や中心が曖昧なままにされがちでもある。複数人で学びの場をデザインしている際に、グループ内で実現したい価値に大きなズレが生じていくことは少なくないし、個人のなかでも、実はさまざまな願いをもっていることに気づけていないことがある。具体的な情景や、学び手の言動のレベルで、どんなことを願っているのかイメージしてもらうと、ズレや曖昧さが見えてくる。あるいは、言葉としては一つに絞られていたとしても、そのなかに複数の要素があることがわかってくることもある。例えば「主体的な学び手になってほしい」という願いが立ち上がったとしても、「投げかけられた情報に対し自ら考えを深めること」と「何もない状況から自分の関心を大切に、日常的に学びを発見していくこと」は異なる。曖昧さを認識したうえで深い願いを探索することで、意図同士の優先順位を考えられるようにもなる。

学びの場をつくる方々や先生向けのワークショップでは下記のような問いを実際に投げかける。

・学びの場の振り返りで**どんな言葉が出てきてほしいか**？

・学びの場が終わった後、受講者（生徒）に**どんな風になっていてほしいか**？（どんな気づきや学び？　どんな表情？　どんな眼差し？　受講者（生徒）同士のどんな関係性？　終わった後どんな内容の話し合い？）

・この学びの場を受講者（生徒）の**人生にとってどんな体験にしたいか**？　振り返って、**どんなものだと記憶していてほしいか**？

起こしたい事象は一つに絞る必要はない。主体化を目指す学びにおいて「学び手の行動」によって意図を表現することは実際には難しく、どんな状態かということは客観的にはとらえづらい。例えば、「『よい市民』とはどういう市民か、と、その理念を問い続けるようにする」という意図を掲げたとして、どうなっていればその意図のとおりになっていると言えるのか。「学びの場が終わってから一週間後までに5人の人に「よい市民ってどういう市民だと思う?」と聞く」というアイディアがでたとする。関心を向けて考え続けている証として悪くないアイディアにも思えるが、その行動にはさまざまな要素が含まれている。考えていることと話していることは同義か、考えているから話せる場合もあるが、だからこそ話せない、ということもあるだろう。「良い市民は○○な市民である」という考えを掲げそのことを詳細に説明したうえで、「どう思う?」と感想をたくさんの人に聞いてきたとしたら、それは「考え続けている」と果たして言うのか。誰とも話さなかったが大量の自問自答のメモの束をつくる人がいたらどうだろうか？　意図が実現していると考えられるパターンは、書き出して整理したくなるほどたくさん浮かぶ。そうした具体的な行動や情景をさまざまに思い浮かべながら検討や話し合いが進むことになるが、この検討のプロセス自体に意味がある。そのなかで、より自分が願っていることがどういうことなのかがわかってくるし、自分では思ってもいなかった「意図の具現化された現れのパターン」に出会えるかもしれない。さまざまな事象を発散的、拡散的に書き出して、その真ん中にある願いは何か、という検討を進めていくとよいだろう。

この時大切なことは、具体的な事象レベルで考えることは、「引き起こしたい事象を確定させるため」ではなく、あくまで「意図を明確にするため」である、ということを忘れないことだ。学びの場を通して「○○（何らかの行動）をさせる」という意識が強固になったりチェックポイント化されると、危険だ。これは、本書で取り上げる学びの場のデザインおよび実施の最後の最後まで重要なポイントとなることだが、「意図はその実現を願いはするものの、実現するよう働きかけすぎては学びの場が土台から崩壊する」ということと関連している。行動レベルで引き起こしたい事象を強く願いすぎると、学び手は設計者の意図を察知して、「そうなったように振る舞う」可能性がある。だが「そう振る舞っているだけ」では、当然本質的な学びは起きないし、変化も起きない。主体化ではなく社会化につながる学びの場になっていく可能性もある。

意図の探索が難しい場合、意図の洗練（事象の書き出し）から取り組み、事象を手がかりに願いを探ってもかまわない。例えば「学びの場が終わってから一週間後までに5人の人に「よい市民ってどういう市民だと思う?」と聞く」という事象レベルのアイディアは、「市民社会への関心の高まり」、「日本人の市民意識に対する問題意識の高まり」あるいは、「他人に話しかけられる積極性の高まり」など、さまざまな変化の「兆し」としてとらえることができる。それらを吟味していくことで、特に何を願っているのか、優先順位を付けるとしたらどんな順番か、ということが明確になり、自分や自分たちの願いがわかっていく。

ここまで、意図を探索し、洗練するプロセスにおいてさまざまな意図をあわせもつのではなく、できるだけ絞り込んでいくことの重要性を論じてきた。主体化を意識する学びの場においては、オープンエンドさが重要に思えるかもしれないが、デザインの段階では、的は絞れていた方が圧倒的に検討しやすい。それでも、どれも手放せない、と思う場合はそれらを「願い」「期待」「想定」と分類分けして優先順位を明確にし、抱えたまま先に進むとよい。「想定」はイメージしている学びの場から「発生しうる学び」、「期待」は「起きたらいいな」という程度のもの、「願い」は「これこそが目的である」という、最優先したい一つだ。優先順位を明確にしておくことで、どれも手放さず、検討のしやすさを担保できる。

他方そうして絞られた意図自体が結局規範とならないか、という問題意識をもたれる方もいるかもしれないが、それはデザインし終えた後の章（第7章）で丁寧に扱うので、ここは少し我慢して先をお付き合いいただきたい。

本章では、皆さんがこれから何に取り組むのか（三段階の問いと対話の連関構造をデザインすること）、それは基礎編であり、骨組みをしっかりデザインしたうえで事例や自身のアイディアを用いてアレンジを加えていくことが重要であることをお伝えした。そのうえで、より実践的な話として、学び手をどのようにとらえるか、学びの場づくりに進んでいった段階でまず行うこと、意図の探索と洗練を紹介した。アクションラーニング的に進めていくことで学びは深まっていくので、この段階でまだ学び手の確認、意図の生成が済んでいない方はぜひそれに取り組んだうえで、この先を読み進めてほしい。

もう一つ、本章の最後に付け加えておきたいことがある。毎日授業を行う先生、研修設計を生業とする社会人は、毎日が学びの場づくりであり、実践の日々だ。そうすると、すべての学びの場に対し「深い願いは何か？」と意図を探索し丁寧にデザインしていくことは容易なことではない。ただ、これ、と決めた時には改めて「その学びの場において何を実現したいのか？　そしてそれはどうしてか？」という願いに立ち返り、丁寧に探索していく時間をとることを提案したい。そのことで学びの場自体はもちろん、デザインの営みとそこから得られる設計者自身の学びが豊かなものになっていく。何度か繰り返していくことで、日常的な学びの場のデザインにおいても効率的にそのことに取り組めるようになるだろう。

注

（1）村上は、客観性や数値化が、役に立つことへの強迫観念へとつながり、序列と競争が社会のルールとなり、さらには差別と排除をうみ、一人一人の生きづらさにつながっていると警鐘を鳴らしている。

（2）「進研ゼミ小学講座」調べ。https://prtimes.jp/main/html/rd/p/000001094.000000120.html

（3）次世代に向けた教育でも、希望者のみが参加する学校外の取り組みやサマースクールなどでは、そもそもの目的がほかのところに置かれていることもあるのでその限りではない。

（4）この考え方自体が、技術的問題的に思えるからだ。また2019年夏に発刊された「一橋ビジネスレビュー特集：教育改革のニューウェーブ—未来のイノベーション戦士育成に向けて」（vol 67、№1）などでも素朴すぎる技術決定論や、そこに回収される教育改革に問題提起を行ってきたが、人的資本論的な考え方にすべてが集約されつつある学校改革の動向には危機感がある。学校という空間は「居場所」や「セーフティネット」など、子どもたちにとって多様な価値がある空間のはずであり、そのことが崩れつつあることに大きな懸念がある。

（5）鈴木宏昭は『私たちはどう学んでいるのか』のなかで「兆候は原因ではない。兆候を真似させても原因が成立するとは限らない」（193頁）という素晴らしい表現をしている。表れに意識を奪われるのではなく本質的な変容に、発達段階も踏まえて長い視野で取り組む必要がある。

（6）マイペースの原理とは、スキナーがプログラム学習のなかで提唱した五つの原理の一つ。学習進度の適当なスピードは学習者によって異なるという前提にたち、学習者が自分のペースで学習をすすめられるようにすること。

column 1

学びの意図と評価

意図が実現されたかどうかが学び手の評価を規定し、テストや試験を通して評価はなされることが多い。しかし忘れがちな事実だが、ほとんどの人間の変化は目に見えない。テストや試験は、人間に起きる膨大な変化を無理やり限定的に「見える化」している[(1)]にすぎず、本来とらえられることはごく限られている。

確かに、行動の変化やスキルの獲得を意図する場合（有能化)、「行動」によって狙いおよび評価基準を表現することが比較的容易だ。「今回の単元で80点以上取る」、「３分間の英語のスピーチができるようになる」、「新しいビジネスモデルを考えられるようになる」といった表現だ。一方、第３章で示したとおり、主体化を目指す学びの意図は、客観的に合意が得られるような行動で表現することも、すなわち評価も容易ではない。昨今探究学習では、活動における中間段階も含んだ学び手の成果物や取り組みを評価の対象とするパフォーマンス評価や、事前に評価項目を定めたルーブリックを用いる評価などが注目を集める。しかしいずれにしても、「見える化」することに限界があることにはかわりない。逆に、狙いとする成果、理想の生徒像から遡って授業を設計する「逆向き設計」によって、意図への隷属を誘引するかもしれない。評価に関しては現在テクノロジーの可能性も注目され、今後も広く議論が展開されるだろうが、本書の紙幅では丁寧に扱うことは難しい。言えることは、評価は選抜（や配置）のためだけにあるのではなく人の育ちのためにも存在するということだ。自身の現状を自己および他者、指導する立場の人と共有することは、そこから先の学びにおいて非常に重要である。同時に、「変化の完全な可視化の不可能性」に真摯に向き合い、目に見える事象を取り上げながら、「その事象はどんな学び（変化）の兆しなのか？」ということを学び手と対話しながら丁寧に探索したり、とらえにいくことが重要だ。「狙った事象が起きたかどうか」だけを強く意識していては、さまざまに起きている学びをとらえそこなったり、誤った変化（学んでいるフリのうまさ、期待を察知し応えるうまさ）を評価してしまいかねない。評価は、学びを促進もするが、使い方によっては疎外もする、そのことだけは認識しておく必要がある。

（1） このあたりの議論は、『よい教育とは何か』（ガート・ビースタ)、『希望をつむぐ学力』（久冨善之・田中孝彦、明石書店、2005年）に詳しい。

第4章 問いの力

本章から本書の本丸でもある「問いと対話」について話を進めていく。まずは「問い」だ。具体的に、どんな問いにするか、という話の前に問い自体、その機能や作動条件について考えを深めることで、本書の〝学び〟において問いの何が重要なのか、そしてそれを学びの場で発揮するためにはどういったことに意識を向けてデザインしていくべきなのか、ということをお伝えしたい。

問いの機能

突然だが、ご自身の人生を振り返って「あなたがこれまで最も〝問いの力〟を感じた瞬間はいつですか？」と問われたらどんな瞬間が思い浮かぶだろうか。誰かに対し自分が問いを投げかける機会が多いという人も、ここではあえて自分が発した問いや誰かが誰かに問うているのを見聞きした瞬間ではなく「自らが誰かに問われた瞬間のなかで〝最も問いの力〟を感じた瞬間はいつか？」」、少し本を閉じて考えてみてほしい。

どんな情景が浮かんだだろうか。どのような問いに、力を感じただろう。そしてその問いによってあなたに何が起きただろう。目に見えること、見えないこと、少し思い出して書き出してみてほしい。それらを引き出したものこそが、問いの力である。

問いに関する書籍は、ここ数年でとても増えた[1]。それらの本では問いをうまく活用することで起きるさまざまな事象が紹介されている。問いがもっている力として、問われた側の意識を問われた内容に焦点づけること、創造性の刺激や、思考に変化を与えフレッシュに考えさせようとすること、無意識の前提を浮かび上がらせること、変化への扉を開くことや問われた人を未来に向かわせること、といったことが挙げられている。あるいは、より広くビジネスの領域で機能する問いの可能性に関する書籍もたくさんある。課題発見や価値創造の糸口の探索、問いによって人を動かしたり、マネジメントしたり、動機づけしたりするといった機能が紹介されている。興味があったら是非読んでみるとよいだろう。

さまざまな立場、観点から問いの機能については語られているが、最大公約数をとってみると、問いには、「問われた人の意識をその問いの対象に向かわせ、思考させ、感情を動かし、発言および行動を生む（変える）」、複数人の間に問いが置かれれば話し合いを発生させる」機能がある、ということが言える。「答え」という結果が導かれる以上に、そこに至る営み、思考と感情の動き、そして人と人との話し合いを触発するのにこそ有効性があるという点は押さえておきたい。

問いの可能性―フラットな関係性づくり

右に示した問いの機能は指示や命令によっても引き起こすことができる。それらと対比することで、本書で検討している学びを起こしていくうえでの問いの有効性を確認したい。ここから紹介するのは、問いであれば必ずある機能、というわけではなく、問いにはその可能性があり、それを意識して活用することが重要である、ということである。

「○○について話し合いなさい」、「○○について自分の考えを述べよ」といった指示によって、受け手を話し合わせたり、考えさせたりることは可能だ。しかし指示は、発信者が優位におり、受け手は拒否できないか、しづらいという暗黙の了解が生まれる。加えて研修や授業などの学びの場では、提供者と学び手は「わかっている人とわからない人」、「熟達者と非熟達者」という関係になることが一般的だ。

しかし社会構成主義的学習観に立って主体化を意図する学びにおいては、提供者におびる権威性は学び手を委縮させるだけでなく、正解や規範がどこかに存在することを学び手に想起させてしまう。学び手がそう考えてしまうと、いずれ正解探しがはじまり、真に主体化へ通じる学びからは遠ざかっていく（有能化や社会化がはじまる）。

また、今検討している学びの場においては「ゆらぎ」が重要なわけだが、学び手に「ゆらぎ」を起こそうとしたとき、避けなければいけないのは「ゆらぎを起こされている感」や「自分だけがゆらいでいる感」である。「自ずとゆらいだ（あるいはそのこと自体に気づかない）」、「全員でともにゆらいでいる」という感覚になることで、学び手は劣等感や不安を解消し、心理的安全性が確保され、主体感覚（自ら選んで取り組んでいる、私として学びに取り組んでいる感覚）をもつことができるのだ。その結果、自身の考えを自由に言葉にできる。また自分の中でもまだまとまっていない思考や思いの断片を、口に出しながら実際に表現してみることで思考がすすみ、対話を促進していくことができたり、その断片性（不十分さ、余白）が対話を豊かにする。不完全でも言葉にしてみるという行為は、第5章の「対話の機能」で紹介する建設的相互作用をより生じやすくさせる。

そうした状態を整えるためにはフラットな場が重要となるが、そのためには、学び手同士の関係性の前に、学びの提供者と学び手の関係性をできるだけフラットにすることが求められる。すなわち、本書が扱う学びにおいては学びの設計者と学び手は上下、あるいは相対（あいたい）という関係ではなく、学びのテーマに対して横に並んでともに悩み、考える、あるいは半歩前と隣を行き来し、緩やかな方向性、考えたり話してみる対象を提案するという立ち位置に立つ必要がある。そこに「問い」が寄与する。安斎勇樹らは『問いのデザイン』（学芸出版社、２０２０年）のなかで**図表11**のとおり、質問と発問と問いを区別し、問いは問う側と問われる側の両方が答えを知らず、創造的対話（「コミュニケーションから新たな意味やアイデアが創発する対話」（33頁））を生むツールになると主張しており、これは非常に有用性のある分類である。

学びの設計者も答えがわからない問いを投げかけることは、ときに学び手に不信感を生むこともあり、配慮はいる。「答えもわからない人に問われているの？」、「考えたってそれが正解かどうかわからないってこと？」となるかもしれない。しかし、絶対解や客観的妥当性の高い解を生み出すことではなく、それぞれがそれぞれの思考を通して、自分たちならではの解を生み出すこと（知の生成、概念の変化・脱構築）を重視する学びには、唯一解はそもそも存在しない。だから提供者側も正解がわからない、ということは社会構成主義的学習観に立って主体化を目指す学びにおいては当然なことである。信頼関係の醸成や学び手の安心感、積極性を高めるため

図表 11　質問と発問との比較整理

	問う側	問われる側	機能
質問	答えを知らない	答えを知っている	情報を引き出すトリガー
発問	答えを知っている	答えを知らない	考えさせるためのトリガー
問い	答えを知らない	答えを知らない	創造的対話を促すトリガー

出所：安斎勇樹・塩瀬隆之『問いのデザイン：創造的対話のファシリテーション』学芸出版社、2020 年、43 頁。

には、質問や発問を段階的に活用したほうがよい場面もあるが、その学びの場において重要な局面で投げ込まれるのは、〝問い〟であることが有効だ。そしてこの問う側と問われる側がともに答えを知らない、ということを〝双方が認識している〟ということが実はさらに重要である。そのことで答えを知る者と知らない者という関係性を避けフラットな関係に近づけるとともに、「学びの設計者もともに考える」という姿勢を示せる。命令や指示は明確に相手に投げかけられるものだが、問いは設計者、学び手の真ん中に触媒として置いて、みんなで考える起点にできうるのだ。

問いの可能性――信頼の証明と能動性喚起

また問いがもつ「問う側、問われる側双方に答えがわからない」という特性を活用することは、問われる側（学び手）に信頼を示すことにもつながり、その信頼は学び手の能動性を喚起しうる。

命令や指示は、受け手を受動的な立ち位置におき、「やらされ感」、「やるべき感」、「やってあげる感」を伴いがちな一方で、「〇〇についてどう思う？」といった問いは、問われた側に思考、対話をはじめるか、あるいは「いまはわからない」という留保を決断する自由を提供しうる。「学びの場においてはそうもいかないだろう」、という感覚をお持ちの方はとてもまじめな方か、もしかしたら提供者の立ち場においては「学びの場にいる以上は問われたことには答えるべき」という規範をお持ちかもしれない。確かに後に述べるとおり、実際の場面では問う側と問われる側の関係性、学び手同士の関係性によってその自由は阻害されることも少なくないが、関係性をフラットにできたとしても命令や指示が受け手を受動的にさせるのに比べたら、「問い」は「わからない」と言える余地を残せる。対象に意識は向けるものの、「わからない」と言いうる、あるいは結論を留保しうる。この発された側への信頼の証明（ゆだねる感）が、互いに（あるいは誰も）正解がわからないという問いならではの重要な機能だ。第2章で「主体感覚の受動的体験」について述べたが、そのこととも関連する。自ら（学びの設計者）の行為によって他者（学び手）のなんらかの行為を引き出そうとする以上、相手方の主体的な取り組みを完全に期待することは難しく、一定程度の受動性を想定する必要がある。だからこそ、学び手の能動性、主体性が発露する余白を大きくすることには配慮してもしすぎることはない。ゆえに、「問い」がぎりぎりもっている問われる側の拒否可能性、留保可能性という機能を活かして、学び手への信頼を示し、自由を担保したコミュニケーションを心掛ける必要があるのだ。それがうまくいけば学び手の能動性を引き出すことができる。唯一解は存在しないこと、だから提供者と学び手は上下の関係にはないこと、これらを学び手と共有し、ともに考える姿勢を提供者が示しながらできる限りフラットな関係性を醸成し、規範やどこかに正解がある、という思い込みをその場全体から排除していくということに、問いが機能する。そして、正解のない問いに向き合うワクワク感、高揚感を提供者と学び手、場全体で共有できると、学びに向かう一体感、没入感が増していくのだ。

何が問いの機能を作動させるのか？

一方で、問いさえすればこうした機能が作動するわけではない。問いの機能の作動確率を高めるためのポイントを考えることは、具体的な問いを考える手がかりになるとともに学びの場が満たすべき要件を検討することにもなる。読者の皆さんの体験も手がかりにしながら考えていきたい。

先程考えていただいた「問いの力を感じた瞬間」だが、なぜその問いに力を感じたのだろうか。逆に、問わ力を感じなかった問いはどんな問いか、おそらく記憶にもないだろう。これから数日過ごすなかで、問われたけど力を感じないもの、を集めてみても面白いかもしれない。それらと対比してみることで、問いの力の作動条件が見えてくるはずだ。

問い以外の条件

過去、筆者がワークショップを行ってきたなかで「問いの力を感じた問い」として参加者からでてきた具体的な問いをいくつか紹介したい。

①「何が私たちにとっていま大切だろう?」
②「成功率60%だけどどうしますか?」
③「それを受ける人の人生のどこまでに責任をもって考えていますか?」
④「私はどうすればよいのですか?」

どうだろうか、なるほど、と思うものもあれば、釈然としないものもあるかもしれない。それもそのはず、これらには状況に関する説明が欠けている。

では次の問いはどうだろうか?

①週末の予定を仕事によってリスケしようとしたときに結婚を直前にした恋人から聞かれた「何が私たちにとっていま大切だろう?」という問い。
②手術を前に医師から患者として聞かれた「成功率60%だけどどうしますか?」という問い。

③研修プログラムの開発に取り組む社員が上司から聞かれた「それを受ける人の人生のどこまでに責任をもって考えていますか？」という問い。

④進路に悩む生徒に先生として聞かれた「私はどうすればよいのですか？」という問い。

印象が大きく変わった問いもあるのではないだろうか。

問いには、問う側がいて、問われる側がいて、双方の関係性があり、問いがあるわけだが、「何を問うか」ということ以外で問いの機能の作動に大きな影響を及ぼす要素を抽出するとおおむね次のとおりだ。

・問う側と問われる側の関係性

もし、①の問いを毎日のように遊んでいる飲み友達から聞かれたら、そう「力」を感じずに、「いや、仕事でしょ」と返せるかもしれないし、④の問いも、生徒と先生、という関係性が「問いの力（問いによって問われた側の思考、感情を動かす大きさ）」を大きくしている。目の前の生徒への責任感や思いが、問われた側の心を大きく揺さぶったのだろう。

・問われる以前の問われる側の状況

②の問いは、手術を前にしている、という状況が大きく影響しているし、その手術が体のどこのどんな手術なのか、ということによっても、「問いの力」は大きく変わるだろう。また①においても、自身の境遇や過去の恋愛経験などから、問われた側に起こるインパクトは変わるはずだ。

・問われた瞬間の周囲の状況

例えば③の問いを、後輩や、その時ともにプロジェクトに取り組んでいるメンバーが同席する場で問われた場合と、飲み会の席でわいわいしている場で問われた場合はおそらく「問いの力」は異なるだろう。②も、一人でその問いに向き合うか、周囲に自身の大切な人がいるかでは大きく異なるはずだ。

ちなみに①～④として紹介した四つの問いは、問う側、問われる側どちらも答えを知らないかもしれない問いだが、関係性からはどちらもがその認識を共有してはいないようにも見える（①～③は問う側が、④は問われる側が答えを持っていると思われている可能性が高い）。それぞれの問いに対し互いに答えを知らないということが共有されている場合と、そうではない場合を想像してみると、問いに真摯に向き合わせる力や創造性、主体性を引き出す力が大きく異なることが伝わるはずだ。

これらからもわかるとおり「問いの力」が作動するのに、状況の影響は非常に大きい。第5章のコラムでも触れるが、学びの場を始める前段の準備や環境設定、あるいは日常的な集団作り、組織づくりなどから、学びに向かうプロセスははじまっていることは認識しておく必要がある。

問いの工夫

一方で、先の三つの状況を（疑似的に）コントロールするために、問い自体の工夫や問いの組み合わせでできることはたくさんある。例えば「仮定の問い（ifの問い：もしあなたが××な状況にいるとして○○についてどう思いますか？）」を用いて問われる側の状況を設定するのはわかりやすい方法だし、重要な問いを投げかける前の、問いと対話の積み上げによって、学び手の状況を整えていくことも可能だ。メインとなる問いの前段の問いと対話（一つ目、あるいは二つ目の問いと対話）によって、関連する学び手の過去や体験を引き出したり、そのことに意識を向ける時間をとりながら、後の「問いの力」をより作動しやすくすることもできる。例えばシンプルだが、何もない状態で「あなたたちが取り組もうとする社会課題に対する解決策は？」と聞かれるより、その前に「自分や自分の大切な人の困りごとが本当に解決した瞬間ってどんな気持ちだった？」と聞かれ、自身の体験をなぞったうえで問われることで問いに向き合う本気度は上がり、アイディアに対して自分たち自身が求める水準も高まるだろう。

また「問いと対話の連関構造」の間に活動や情報提供を加えることで、そうした状況をつくりあげることも考えられる。①〜④で掲げたような問いを実際に扱う前に、その状況にいるようなロールになりきって何らかの活動に取り組んだり、ロールプレイで行うディスカッションなどを挟み込んで問いを投げかけると、学び手が①〜④の状況を疑似体験したうえで問いに向き合える。例えば過去に、組織における改革と失敗のケーススタディをロールプレイを用いて体験したうえで、「改革に向けてあなたは何を大切にしたいか？」という問いを投げかけたことがある。前段のロールプレイで改革推進派だけでなく守旧派の想いや前提にある組織観、それを支える過去の成功体験にまで意識を向けていたことが、問いに対する多面的な向き合いを生み出し、対話は深まった。

問いのリストを考える三つの軸

それではここから、具体的にどのように問いをつくっていくか考えていきたい。

一つの問いでできることは限られており、問いと対話の連関構造をデザインすることが重要である、ということはすでに述べたとおりだ。しかしそれらを構成するのはやはり一つ一つの問いである。一つ目、二つ目、三つ目のそれぞれの問いの役割や要件とともに具体例も第6章で示していくが、最終的には、意図や学び手がどんな方々かという具体的な場面を踏まえて、設計者が自由にデザインしていくことになる。ここでは事前準備としてできることとして、手元に問いを考える視点およびリストを幅広く、多彩に持っておくことを提案したい。このプロセスは、それぞれが扱う学びのテーマを多面的、多角的に考える機会となり、設計者自身がテーマを深く探求すること、そして意図を洗練させていくこと、実際に問いによって学び手にどんな思考、対話が発生していくかを幅広く想像することにつながる。リスト化により、表現含めそのまま使える問いもつくれるが、むしろ問いのリスト作りを通じてテーマに対する光の当て方、考えたり話し合ったりする角度のバリエーションを圧倒的に広げることがここでの目的となる。そうしておくことで、いざ問いを考える際にさまざまな視点、テーマとの距離感から問いを考えられるようになる。

具体的には、問いの対象（考えること、話し合うこと）を検討するための軸を示したい。あるテーマに関連した問いは無限に考えられる。しかし、似たような問いを列記しても実際に使える問いは増えないし、テーマを捉える視点も拡がらない。だから「たくさん問いを考えてみよう」とするのではなく、軸をもったうえでさまざまな問いを考えていく。「軸」と表現しているのは、その組み合わせによって対象となる問いを検討するからである。もちろんこの軸も幅広くあるが、筆者がまず考えるのは以下の三つの軸である。

①学び手からの距離が近い内容について聞くか⇕遠い内容について聞くか／具体的事象について聞くか⇕一般論について聞くか

参加者がごく限定された人々に絞られる場合を除いて、学びのテーマ自体が、学び手にとって個別具体的なこととして掲げられることは実際の場面ではあまりない。社会課題解決や新商品開発など、ある程度の一般性をもってテーマは設定されがちだ。しかし、例えば「世の中の社会課題についてどう思う？」と一般論のまま問われても、一般的な回答しかなされず、世間話に終始する。すなわち自分事化されず、「ゆらぎ」にはつながりづらい。例えば、社会課題に対する認識の更新や、課題とは何か、価値とは何かに対する考えの広がり、あるいは世界への向き合い方の変化にはつながらない。一般論としてのテーマを「学び手にとって当事者意識を持てる具体的な事象」に落とし込んで「問い化」する必要がある。先ほどの例で言えば、例えば、「最近自分の身近で起きた社会課題についてどう思いますか?」となる。一方で、具体論は、学び手にとって「今向き合っていること」だったり、「問われることで向き合わなければいけないことを想起すること」だったりするので、問われることで心理的安全性が阻害される場合もある。感情が大きくゆさぶられ、保守化したり、いつもの思考パターンに閉じこもらせてしまうこともある。したがって状況やタイミングによっては一般論のまま扱えるようにしておくことも重要だ。一般論として考えることで視野が拡がったり、冷静かつ客観的に事象をとらえる契機となる。

他方、一般論か具体論か、というのは相対的な概念でもある。何らかの具体的な出来事を一般化した概念は、さらに大きな一般論の具体の可能性が高い。その学びの場自体で掲げたテーマがやや具体的なものだと思える場合には、それを一般化したらどうなるか、ということを考えておくことも有効だ。

②主観的な考え、思いを聞くか ⇕ 客観的な知識、情報（⇕ 異なる第三者を仮定してその目線からのとらえ）を聞くか

学び手自身の考えや思い、主張を問うか、知識や見聞きした情報について発言してもらうかという軸である。すでに述べたとおり、主体化を促していくためには「私として考えること」が最終的には重要である。しかし、何もないまっさらな状態で主観を聞くのでは、一人でワークシートに書かれた問いに向き合

うのと変わらない可能性もある。また、それぞれの主観的な意見をぶつけ合うことで学び手同士にゆらぎが起きていく可能性は高いが、あまりに早い段階で主観を場に出すと、自身の主張への固執にもつながる。他者との関係性のなかで、自分が一度発した主張を変えづらくなることは少なくない。「言葉に出す」ということは、それだけで人にとってインパクトの大きいことだ。またそもそも、第3章の最初に確認したとおり、客観性を極端に重視する風潮のなかで、「俊敏で肯定的なリアクション」が生存戦略にもなっていることを考えると、突然主観を聞いても考えられなかったり、考えられても場には出せなかったりもするはずだ。したがって「自分自身の考えに思考は巡らせるが場には出さない」という〝問いの塩梅〟も重要になってくる。そんなときに、客観的な知識や情報を問うことは有効だ。テーマに関する知識や情報を問われ、新聞やネットで見聞きしたこと、誰かから聞いたことを発言したとしても、問われてから言葉を発するまでのプロセスに完全に主観が現れないということはほぼない。問われて発した情報は、日々の暮らしのなかで触れる膨大な情報のなかから意識的か無意識的かに関わらず切り取った断片的な情報であり、そこに主観が含み込まれないことは、本当はあり得ない。ただ、「客観的な知識や情報〝として〟発する」ことに意味がある。心理的安全性が担保された状態で声に出してみることで自身の考えを自覚化したり、あるいは主張を発する前段階で誰かの考えに緩やかに影響を受ける機会を設けられる。

③どの時間軸の事象について聞くか（過去のこと⇕現在のこと⇕未来のこと）

過去、現在、未来、それぞれの時間軸で問いを用意しておくことで、学び手の思考、学び手同士の対話の幅を大きく広げることができる。②とのかけ合わせにもなるが、例えば、過去×主観（これまでそのテーマについてどう考えていたか）の問いは、自身のこれまでの考えに意識を向けると同時に、その考えがなぜ、どういった経験から生成されてきたのか、ということを考える契機となる。未来×主観（これからそのテーマについてどうしたいか）の問いは、学び手の意志を問う問いになり、学びの場を終えた後の変容につなげやすい。過去×客観、現在×客観、未来×客観も使い方によってとても効果的な問いになる。歴史的な変遷や、現在の情報、あるいは未来予測を、それぞれの知識を総動員して場に出すことは、そのテーマについて立体的に考えていく重要な手がかりとなる（第6章で扱う認知的レディネスを高めることになる）。現在×主観は、いままさにこの瞬間の自分の感情に強いフォーカスを向ける。問いや対話を通して人の意見や思いに出会うことで、学び手の思考や感情は揺り動かされていく。それでも、過去や未来に意識を向けていると、論理的な思考にとらわれ、自身に起きている変化に鈍感になる。本来人は論理よりも感情の方が先に動くことも多いはずだが、「問われてから声を発する」というコンマ何秒のプロセスのなかで「論理的なアウトプット」をしたくなることも多い。つまり、その瞬間の自身の考えや気持ちを棚に上げて、それまでの自分の主張や、対話の流れに沿っていたり場の空気に適応した発言をしたくなることは少なくない。しかし現在×主観の問い、例えば感性や直感、あるいは五感にアプローチするような問い（「今心に浮かんでることは何ですか？」「今どんな感覚ですか？　どうしてそんな感覚になっていると思いますか？」等）をうまく活用できれば、〝いまここ〟に起きている自分の変化に自ら意識を向けて、言葉になり切っていない感情の機微や逡巡を言葉にし、学び手自身がそれを自認する機会にできる。そして「いまここの私」に対する思いや考えはとてもパワフルで、グループ全体に伝播していく可能性がとても高い。

先に示したとおりこれらの軸は、独立にそれぞれで問いをつくるということではなく、三つの軸のかけ合わせによって問いのリストをつくることに活用する。例えば「【学び手からの距離が近い内容】で、【過

図表 12　三つの軸でつくる問いのリスト

		過去	現在	未来
学び手からの距離が遠い事象（一般）	客観的な知識・情報	そのテーマについて過去どのように認識されていたか、どんな風に言われていたか	そのテーマについて現在どのように認識されているか、どんな風に言われているか	そのテーマの未来についてどのように予想、予測されているか
	主観的な考え・思い	そのテーマに関してあなたはこれまで（あるいは具体的な時期）どのように考えていた、思っていたか	そのテーマに関して今この瞬間、どのように考えている、思っているか	そのテーマの未来に向かってあなたはどうしたいと思っているか、何をしたいと考えているか
学び手からの距離が近い事象（具体）	客観的な知識・情報	そのテーマに関する身近で具体的な事柄について過去どのように認識されていたか、どんな風に言われていたか	そのテーマに関する身近で具体的な事柄について現在どのように認識されているか、どんな風に言われているか	そのテーマに関する身近で具体的な事柄の未来についてどのように予想、予測されているか
	主観的な考え・思い	そのテーマに関する身近で具体的な事柄についてこれまで（あるいは具体的な時期）あなたはどのように考えていた、思っていたか	そのテーマに関する身近で具体的な事柄についてあなたは今この瞬間どのように考えているか、思っているか	そのテーマに関する身近で具体的な事柄の未来に向かってあなたはどうしたいと思っているか、何をしたいと考えているか

去のこと】に対する、**【主観的な考えや思い】**を問う問い」という組み合わせによって問いを生成する。問いの要件を表に示したのが**図表12**になる。

例えば、この枠組で「社会課題」・「チームビルディング」に関する問いを考えてみると**図表13・14**のようになる。

この取り組みで、少なくともそれぞれ12とおりの多様な側面からテーマにスポットライトを当てる問いができる。もちろん、どの軸もその様相や程度はさまざまで「何らかの出来事のさらに具体的な現象」、「思いではなく考え」、「もっと過去」などチューニングが可能で、どの組み合わせでも何パターンもの問

図表 13　問いのリストの例（テーマ：社会課題）

		過去	現在	未来
学び手からの距離が遠い事象（一般）	客観的な知識・情報／第三者目線	日本で注目されてきた社会課題にはどんなものがありますか？／社会課題に関する過去のデータで何か知っていることはありますか？	いま注目されている社会課題はなんですか？	今後日本にはどんな社会課題が発生していくと予測されていますか？
	主観的な考え・思い	社会課題についてこれまでどのように思ってきましたか？	「社会課題」と聞いて今どんなことが心に浮かびますか？	社会の課題に今後あなたはどうかかわっていきたいですか？
学び手からの距離が近い事象（具体）	客観的な知識・情報／第三者目線	あなたが関心のある社会課題はこれまでどういった状況でしたか？	あなたが関心のある社会課題は今どんな状況ですか？	あなたが関心のある社会課題は今後どのようになっていくと予想されていますか？
	主観的な考え・思い	あなたがこれまで関心をもった社会課題はどんなものですか？	あなたが関心をもつ社会課題に対して、いまどんなことを感じていますか？	あなたがこれから取り組みたい社会課題は何ですか？／関心のある社会課題に対して、あなたはこれからどうアクションしていきますか？

図表 14　問いのリスト例（テーマ：チームビルディング）

		過去	現在	未来
学び手からの距離が遠い事象（一般）	客観的な知識・情報／第三者目線	チームビルディングにおいて知っている理論や実践にはどんなものがありますか？	いま最も注目されているチームビルディングの方法は何ですか？	チームビルディングに関するトレンドは今後どんなことが注目されていきそうですか？
	主観的な考え・思い	これまでどんなことがチームビルディングにおいて重要だと思ってきましたか？	いま「最高のチームの条件」と聞いてどんなことがうかびますか？	チームというものについて今後どんなことを考えていきたいですか？
学び手からの距離が近い事象（具体）	客観的な知識・情報／第三者目線	あなたが過去所属してきたチームにはどんなチームがありますか？	今あなたが所属しているチームは何人で何のためのチームですか？	あなたは今後何のチームに所属していく予定ですか？
	主観的な考え・思い	過去振り返って、あなたにとって最高のチームは何歳のどんなチームですか？	いま、あなたが所属しているチームのコンディションは10点満点中何点ですか？	あなたは今後、自分が所属しているチームをどうしていきたいですか？

いが考えうるだろう。ただこの段階でそれを無限にやっていくことにあまり意味はない。ここでリスト化された問いをそのまま使うのが有効かどうかは、実際に問いと対話を積み上げていく中で検討ができるし、全く使わないこともあり得る。たださまざまな観点から問いを考えたプロセスが、実際の三段階の問いの検討を助けてくれる。

また、組み合わせによっては、テーマや意図からだいぶ遠いことを問う問いになっているかもしれない。しかしその距離が効いてくる場面がある。問いのバリエーションが乏しいと、学びの場の検討にそもそも苦労するのに加え、テーマに直接関連した問い（テーマに近すぎる問い）だけでデザインされた学びの場を作り上げることになり、最終的にその場は学び手にとって息が詰まる体験となることもある。「テーマとさまざまな距離感の問い」を手札にもって検討を進める、ということが重要だ。しかしテーマと関連する問いを直接考えようとすると、「距離感は遠いが関連する問い」を考えるのは難しい。だからこそ軸という考え方を採用している。そしてさまざまな距離感の問いを考えることは、そのテーマに向かって学んでいく学び手の感情および思考の変遷を、さまざまな側面から検討しておく手がかりにもなる。これは、学び手の体験のプロセスをデザインしていくうえで非常に重要な準備になる。

「ゆらぎ」を生み出す三つの問いの観点

本章の最後にこの表（図表12）とセットで、問いについて持っておくとよい観点を三つ紹介したい。

①「What の問い」と「Why の問い」

人の価値観や視点、前提や常識といったものは人が知覚できるものではない。知覚できる言動、何かの対象に対する意見やそれぞれの人が捉えた情報（あまたある中で意識を向けた情報）が海に浮かぶブイ（浮標）のようなものだとしたら、価値観や前提は、そのブイからロープが伸びて深い海底に沈んでいる錨のようなものだ。ブイは海を浮遊して大まかなありかを示しているに過ぎない。波（その時々のグループダイナミクスや雰囲気、ムード、社会状況など）によって位置はかわるし、海底の錨から遠くにあることもある。一方海底の錨は海の上から眺めていてもどこにあるかわからないし、当たりをつけて海に潜っていては奇跡でも起きない限りたどり着けない。ブイをとらえて、ロープをたどっていくことで、錨にたどり着ける。そうして海底にある錨をとらえることで、学び手に自身の価値観や視点、前提、常識の自覚化を促すことができ、そこから深い部分のゆらぎをおこしはじめられる。

「What」はブイのありかを探る問い、そこから「Why の問い」によって海中深く潜りロープをたどっていく必要がある。12個の問いは、いずれも「What の問い」である。それらを手がかりにしながら、大切な場面では「Why の問い」をセットで投げかけることが重要だ。

主観的な考えや思いはもちろん、客観的な知識や情報に関しても、ブイとしての機能を期待できる。すでに述べたとおり人は本来無限の情報にさらされながら生きており、そのなかで無意識にチョイスして知識や情報として場に出しているとしたら、その情報や知識を取り上げさせた無意識の前提や価値観があるはずだ。なぜその情報を取り上げたのか、無意識の前提に気づくことができたら、それは大きな収穫となる。

一方で、「問われることによるゆらぎの大きさ」と「答えやすさ」の反比例関係は、特に「Why の問い」において大きい。期待できるゆらぎは確かに大きいが、問われることで過去の体験や記憶を掘り起こす必要が生まれるかもしれない。また、主張や決断に対する「なぜそうなのか？」という問いは、問われる側の覚悟が問われることもあり、「答えづらさ」につながりうる。問いが及ぼす、脳および心への負担が大きい問いなのだ。だからこそ「明示的に問う必要があるか」、は検討すべきである。人は問いによって思考を巡らせてしまう生き物なので、「What の問い」にとどめたとしても「なんで自分はそう思うんだろう？」と、自然と「Why」を想起し、自問する人もいる。実際に「Why」の話しをし始める人もいるかもしれない。進行役による公の問いに対する答えではないので、話さない人ではなく、話した人がイレギュラーな存在になる。話した人は自らの意志で話しているので、公に問われて答えるよりは話すことへの主体性が高いはずだ。一人目がいれば触発されて、話し始める二人目が出てくる可能性は大きい。あるいは、同じ「What の問い」に対して自身と極端に異なる意見、考えが場に出た時に、グループ内で相互に「Why の問い」が投げかけ合われるかもしれない。「なぜ他者はそう思ったのか？」は「なぜ自分はそう思わなかったのか？」に通じ、さらに「なぜ自分はそう思ったのか？」にも通じている。他者同士の問い合いを見ながら、第三者が「では自分はどうだろう？」と考える可能性も大いにある。そうしたプロセスを暗にデザインすることで場の心理的安全性を担保しつつ、対話の深さを深めることを意図する（「きっと自然とそういう話し合いになっていく」と思える問いを仕込む）ことが重要である。

②「暗黙の前提に光を当てる問い」

そして「Why の問い」のさらに深いところにアプローチするのが「暗黙の前提に光を当てる問い」である（錨のさらに下、地形、地層を探る問いと言える）。対象に対する考えを問うのが「What の問い」、なぜそう考えるのかを問うのが「Why の問い」だが、そもそもの前提を問うのが「暗黙の前提に光を当てる問い」だ。通常人は、問いに対して考えを紡ぐことはあっても、その考えが前提としていること、常識や当たり前にまで意識を向けることはそうない。しかしそのことに意識をむけ、その真偽を問うたり、適応可能性の限界を考えたりすることで、対象に対する考え（主張やアイディア）をこえて、理由さえも大きくゆらぎ、そのゆらぎが、「概念の脱構築」を誘引する。とある島の高校生が探究学習を通して、伝統工芸を生業とするおじいさんを何とか助けようと、SNSを駆使して観光客を集める企画を熱弁したところ「観光客には来てほしくない。丁寧に仕事し続けることが、生きがいなのだ」と静かに、だが力強く語られたという出来事があった。彼女はこのことを受けて、「売り上げが厳しく困っているから盛り上げるべき」という物語が自分のなかにあり、その前提には「売り上げが大事」、「金銭的豊かさが幸福」という考えがあったことに気づいた。そして「課題」や「幸せ」への認識が更新される（概念の脱構築）とともに、自分の幸せに対する考えにも大きな影響があった。彼女はこの体験のなかで「そもそも課題／幸福とは何か？」という問いに出会ったのだ。「暗黙の前提に光を当てる問い」に向き合う体験は人の価値観や世界観をゆるがすことになる。本書を通して繰り返し述べてきたが、人は価値観や前提、信念や常識を暗黙のうちに有し、決断や言動、他者の発言に対するリアクションを意識的、無意識的に選んでいる。それらは、その人にとって非常に重要なものであり、人生を豊かにしてくれるお守りのようなものであることもある。一方で、そのことが制約や制限となることもあり、その枠を外す可能性をもつのがこの問いであり、この問いに向き合う体験こそが、「垂直的成長」の直接的なきっかけとなる。

加えて「暗黙の前提に光を当てる問い」は、第6章で紹介する学びの場における動機の転移にも効果を発揮しうる。「構造不合理性」と呼ばれたりするが、問いや新たな課題によって前提が変わったり、新たな視点が加わることで、自身の知識や理解とのずれが生じることは、人の知的好奇心を掻き立てる。

一方で、扱いづらさは「Why の問い」以上でもある。他者から「そもそもさぁ」と言われてはじまった質問をご自身で思い出してみるとよい（例えば目の前の生徒への対応の難しさに対する気持ちを吐露しているときに「そもそもあなたはなにがやりたいの？」と問われたとき、新たな企画に対するアイディアを話していた時に「そもそもあなたは誰をターゲットにしているの？」と問われたときなど）。はっとして、たしかに！となる場合ももちろん多いが、話の腰を折られたと思う場合もあるだろう。指摘された「そもそも」が的外れであれば「え？　何言ってんの？　全然違うし」と思うし、的を射ていたとしても、痛いところを突かれたという感覚になると、決していい気分はしない。だからこそ、丁寧に、重要な場面で用いることが求められる。また、「Why の問い」同様、表現としては表層的な問いに留めておきながら、うっかり「暗黙の前提に光が当たる問い」をどうつくれるかが非常に重要になる。

紹介した「問いのリストの例」には、各問いに「Why の問い」「暗黙の前提に光を当てる問い」が書けうる。客観的な知識・情報についても、あまたある情報の中で、なぜそこに意識が向いたのか？　が「Why の問い」、そしてそのことに意識を向けさせた前提、価値観（何を良いと思っているか、何を良くないと思っているかなど）は何で、どうしてそれを前提とするのか、あるいはそれは本当に普遍性が高いのか？　が「暗黙の前提に光を当てる問い」だ。すべての問いにここまで準備をする必要はないが、「Why の問い」「暗黙の前提に光を当てる問い」という視点でリストを眺めると、さらに、テーマに対して考える角度、幅は広がり、テーマにおいて扱うべき重要な問いが見えてくる。

③発言、思考、感情

先ほど紹介した、「What の問い」だけにとどめておきながら、自然と「Why」の思考を期待する、「暗黙の前提に光が当たる」思考を期待するように、実際の問いに表現としては含まないが、考えたり話し合ったりしてもらうことを期待するような問いの作り方が、実は非常に重要になる。

問いの機能のなかでは、思考、感情の動き、発言および行動を横並びに論じたが、他者から認知できるか、という点において、思考、感情と言動の間には大きな川が流れている。[2] 認知できるのは発言や行動までだ。問われて、誰かが話し始めたり、紙に何かを書き始めたりする。その前には目には見えないが大抵思考のプロセスがある（直感や、あまりにもくり返し問われすぎている問いがゆえのダウンローディング[3]の場合はその限りではない）。そして感情の変化が起こることも忘れてはいけない。

日頃考えていることであれば感情面で波風立たずに思考できる場合もあるが、あまり考えていないことであれば、「え、めんどくさい」、「わからないよ……」といった感情が生まれるかもしれない。あるいは「そんなこと考えたことなかった！」とワクワクや好奇心のようなものが生まれることもある。あるいは考えないといけないと思っていたがなかなか意識を向けられなかったことであれば「勇気」や「覚悟」のようなものが心に巻き起こるかもしれない（未来×主観の問いは、そういったことになることが多い）。「何を問われているのか？」理解するために思考が先に動き、何を問われているかがわかって感情が動くこともあるし、シンプルかつパワフルな問いで感情が先に動き、それが思考を促進したり、あるいは阻んだりすることもある。感情と思考の順番は人と問いによるだろうが、そういったことも意識して、何を問うか、ということは考えていく必要がある。第6章で具体的に述べるが、「問いは感情を動かすことができる」、という機能が、問いと対話の連関構造をデザインしていくうえでは非常に重要な要素となる。

問われた瞬間同様、発言として場に出す際も感情は動く。だからこそ「どんな問いに対する答えであれ、場に発言することはそれ自体簡単なことではない」という前提をもつことはとても大切だ。主観を問う問いであれば自身の大切なことを場に出すのにおそれや、受け止めてもらえるだろうかという不安を抱えるかもしれないし、客観的な知識や情報を問う問いは、周りから正誤のジャッジにさらされる緊張感がある。次章の対話の部分でも扱うが、関係性によってはそうした感情がより大きくなる人も出てくる。そうなると、誰かによって発された言葉が常に「真実の言葉」とは残念ながら限らない。グループのダイナミクスの中で本音を出しづらい場合もあるし、全体の論調に緩やかに迎合した意見を言うことだって少なくない。さらに言えばこれが最も見落としがちなところかもしれないが、人は自分で自分自身の真実の思いや考えを自覚している場合ばかりではない。それ自体を探求していく営みが必要なことが非常に多い。

そうしたことも踏まえた具体的な対策として、「発言はさせないが思考と感情を動かしうる問い」という観点からも問いを検討していく必要がある。ポイントは自問を促すことである。例えば、「AとBどちらにより強く共感しますか？　A：ルールが一切存在しない世界、B：何をするにもルールだらけの世界」。この問いは、文章だけを受け取れば、AかBを答えるだけが求められている。対話の中で「なんでそう考えたの？」と言われても、「なんとなく」という答えが許される。しかし、A、Bという二者択一の対立が示されることで、異なる意見の存在を意識し、Aを選ぶ人はなぜBではないか、Bを選ぶ人はなぜAではないかを、聞かれずともつい考えてしまう問いである。そもそもAの世界、Bの世界が具体的にどんな世界なのか、という想像も事前に巡らせるだろう。また、もちろん聞かれる人の状況にもよるが、ルールとは何か？　何が大事で、何は大事ではないのか、ということにも思考が発展していく可能性がある。そしてそうした思考や、世界の想像が感情を動かしていく。対話においてそれらを言葉にしなかったとしても、一度そのことに思考を巡らせていることに意味がある。表現としては問いの対象になっていないが、ついうっかり深い部分について考えてしまう問いは非常に有効だ。発言として場に出さなければならない、とするには心理的ハードルが高いが、考えてみてほしいことを問いの対象とするときに用いる。これは「話しても話さなくてもいいので○○の問いについても考えてみてくださいね」と指示することとは異なる。それでは「話さない」という選択をしていることが本人にとってストレスになりうる。問いとしては表層的なことを聞かれているようで、「考えるべきことがわかる人にはわかる問い」をつくる、ということが有効だ。そうすることで、いったん問いには答えてその場で求められている発言は行っているので心理的安全は担保されており、思考はそこから転じて発展しうる、それを場に出すかどうかは、学び手側にゆだねられる。そんな豊かな問いをつくることも、視野に入れておくとよいだろう。

次章では〝対話〟について扱っていく。問い全体がそうだが、ここまで紹介した「Whyの問い／暗黙の前提に光を当てる問い」の使いどころや「思考と感情の扱い」は対話をどうデザインしていくかという検討と特に不可分となるので、ぜひ意識しながら読み進めていただきたい。

注

（1）例えば『「問い」を立てる力』、『いまあなたに必要なのは答えじゃない、問いの力だ』、『問いの設定力』『問いの編集力』など。また Eric E. Vogt, Juanita Brown, and David Isaacs の、*The Art of Powerful Questions* は少し古いがとても参考になる。

（2）さらに深い部分には「無意識」もある。ただ言語コミュニケーションをもとにした問いで無意識に関連する領域を扱っていくのは簡単ではない。対話によって発生することを期待するか、本書では扱いきれないが活動、特にアートや身体知性を用いるワークの中で扱っていくのが有効である。

（3）アダム・カヘンは、自分の頭の中の枠組みをそのまま話す、人の話を自分の頭の中の枠組みでただ解釈することを、データをそのままダウンロードすることになぞらえて「ダウンローディング」と呼ぶ。

column 2

学習ループと問い

「学習ループ」という考え方がある。本書が扱う学びにおいて重要な考えなので、問いの水準と重ね合わせて紹介したい。目標を決めて行動したが目標に達しなかったという場面は学習に向かう有効な機会となるが、何までを「振り返る対象」とするかで学びは大きく変わる。目標に対する行動や計画を見直し、その質を高めていく学習はシングルループ学習と呼ばれる。問いで言えば「What の問い」の水準と重なる（目標に向かって何をしたのか？それは正しかったのか？→あなたはどう思うのか？）。続いて、行動選択の前提（判断基準）となった「目標」自体を内省（自問）し再設定を試みるのがダブルループ学習で、「Why の問い」の水準に重なる（なぜその目標を設定したのか？それは正しかったのか？→なぜそう思うのか？）。そして目標を練り上げる前提となった「コンテクスト（背景、文脈、価値観）」を再構成するのがトリプルループ学習である。これが、「暗黙の前提に光を当てる問い」と重なる（そもそも目標を設定するうえでどのような前提をもっていたのか？それは正しかったのか？→そう思うのはあなたがどんな世界観や価値観を持っているからか？）。本書は、「学びの場」を通して、いかに垂直的成長につながる学びの体験を生み出すかということがテーマだが、日常の中でそうした体験を生み出すには、この学習ループの考えを心に持っておくことが非常に有効である。昨今「クリティカルシンキング」や「リフレクション」という考えは当たり前に認識され、日常のあらゆる事象、行為、決断、偶発的な出来事に適応可能だが、“何まで”を批判するか、“どれほどの深さ”で振り返るか、こそが、学びにおいては重要なのである。

学習ループ

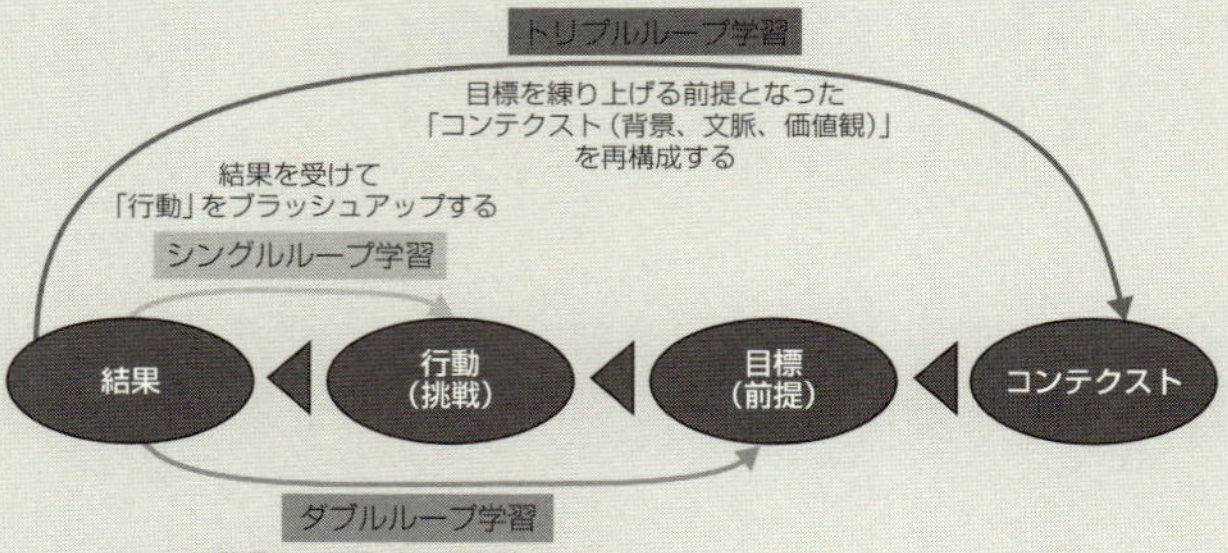

第5章 対話の魅力

本章では続いて二つ目の重要な要素、問いが生み出す〝対話〟が学びを起こしていくメカニズムについて考えていきたい。

対話の機能

建設的相互作用

対話がどのように学びにつながるかは認知心理学の知見によって丁寧な説明がなされている。二人以上が共有された問いや課題に対しそれぞれに解の生成や自身の考えの検討を試みながら話し合うなかで、問いに向き合う側（課題遂行者）、それを観察したり、考えを聞く側（モニター）の役割を交代しながら、それぞれの解の解像度が上がったり、考えを抽象化したり適用範囲の広い考えへと変えていくことを「建設的相互作用」と呼ぶ[1]（図表15）。こう書くと難しい印象を受けるが、集まった人々が誰一人よくわかっていない事柄に対して話し合っていくうちに、新しい見方や考え方に気づく経験は誰しもにあるだろう。

考えを話すターンで、自分の考えを改めて言語化するなかで、うまく説明できない事柄に気づいたり、わかっていない部分がわかったり、あるいは話しながら、思考が進んだりする（課題遂行者効果）。一方で話を聞いているターンでは、聞いている内容と自身の考えや意見との違い（差分）が思考を触発する。話す側は自分なりの前提をもって、自分の言葉で話をするので、言外に考えや意見が零れ落ちる（本人は言葉にできない、する必要がないと思っているが、聞いている側からするとそれがないと理解できないことが多分にある）。したがって聞いている側には、話し手の意図や背景にも思いをはせながら聞く必要が生じる。双方で基礎知識や前提が異なるゆえ、相手の理解を得るには話の内容が不十分だったり、誤解を生むこともある。その余白やズレが聞き手側に自分なりの解釈や想像をかきたて、新たな気づきや発見を生む（モニター効果）。話し手と聞き手それぞれに気づきがあり、意見や考えの精緻化、変化、更新があったうえで役割の交代を繰り返し、双方によって新たな知識がつくられたり、それぞれに内在した概念に変化が生まれていく。

例えば弾丸海外旅行を常とするAさんと、日頃の疲れを癒す温泉旅行好きなBさんが（そんな二人が一緒に旅行するわけない！　という突っ込みは置いといて）旅行プランを立てているとしよう。そんな

図表15　建設的相互作用

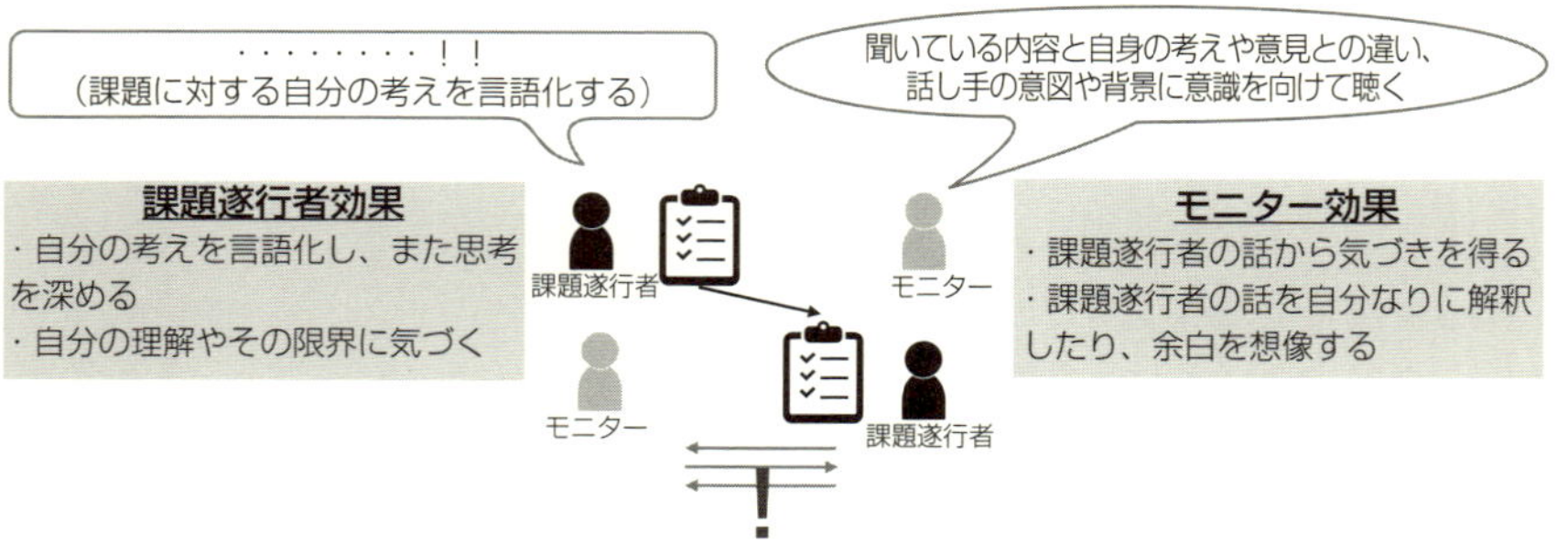

それぞれに気づき、意見や考えの精緻化、変化、更新があったうえで役割の交代を繰り返し、双方によって新たな知識がつくられたり、それぞれに内在した概念が変化する。

場面で学びについて考えることもないだろうが、当たり前のようにバンコク一泊三日旅行を提案するAさんが、Bさんから「さすがにタイトすぎる」と言われたら、「節約しながら刺激的な体験をするのが最高の旅行」という前提が自分にあったことに意識を向けざるを得ないし、それを共有しないと話が進まないことに気づく。かたやBさんは、Aさんをなかなかの強者だなと思いながら箱根高級旅館のパンフレットをすっとしまって、Aさんとも共有できる旅の魅力を考えてスマホを手に取る。これまで見向きもしなかった温泉宿の「日本最古」の文字に注目し「ここってギネスにも載っている日本最古の温泉旅館らしいよ」と、紹介するかもしれない。温泉旅館であることが重要で、それ以外は手放せる、とBさんは自身の前提に気づく。弾丸好きのAさんは金曜夜発を辞さないが、Bさんは早い朝の爽やかな移動が好き。初日の最初の食事の話をするなかで「到着したらすぐに一杯飲みたいよね」というAさんの発言に対し、「え…」と思いながら朝から飲めるお店を探すBさん。結果、知る人ぞ知る酒蔵直営レストランを見つけ、朝からおいしいごはんとお酒にありつけるかもしれない。「もう別々で行こう」と諦めずに、自身の「旅行観」を言語化し、譲れることと譲れないことを考え、相手の提案から知識を得て視野が広がったり、誤解から新たな発見をしたりしながら、それぞれだけでは絶対に思いつかなかった旅行プランができあがる。この話し合いの経験を経てそれぞれの「旅行観」は大きく変わるかもしれない。些末な例ではあるが、〝そのように〟認識してみると、日常にこういったことはあふれており、それはまさに「対話を通した学び」と言える。

自身と他者との〝違い（差分）〟が、対話によって表出し、対話によってその違いが互いを刺激し、学びを生み、ともに新たな知を生んでいくのだ。

創造的機能

そうした対話の創造的な側面に特に注目したのが「対話」という概念の提唱者の一人とも言われるデヴィッド・J・ボームだ。理論物理学者であり哲学者でもあるボームは、課題解決や集団に変化を起こす手段として「対話」という概念を生み出し、発展させた人物とされる。学びを生み出すという観点ではなく、対立をどう解消するかという観点から語られる対話の機能、可能性からも学ぶべきことは多い。

ボームは著書『ダイアローグ─対立から共生へ、議論から対話へ』（金井真弓訳、英治出版、2007年）で「対話では、話し手のどちらも、自分が既に知っているアイデアや情報を共有しようとはしない。むしろ、二人の人間が何かをして作るといった方がいいだろう。つまり、新たなものを一緒に創造するということだ。」（38頁）と語っているとおり、対話を創造的な営みととらえていた。

では対話のどんなプロセスによってその「創造」は生まれるのか。ボームは対話の目的を下記のようにも語っている。「物事の分析ではなく、議論に勝つことでも意見を交換することでもない。いわば、あなたの意見を目の前に掲げて、それを見ることなのである――さまざまな人の意見に耳を傾け、それを掲げて、どんな意味なのかよく見ることだ。自分たちの意見の意味がすべてわかれば、完全な同意には達しなくても、共通の内容を分かち合うようになる。ある意見が、実際にはさほど重要ではないとわかるかもしれない――どれもこれも想定なのである。そして、あらゆる意味を理解できれば、別の方向へもっと創造的に動けるかもしれない。意味の認識をただ分かち合うだけということも可能だ。こうしたすべての事柄から、予告もなしに真実が現れてくる――たとえ自分がそれを選んだわけではなくても」（79頁）。創造的に動ける、ということは、異なる主張をもった人々がどちらかの主張を通すことではなく、双方が納得のいく第三の道への方向に向かうことであり、「真実が現れてくる」というのは、集まった人々にとって歩むべき道（真実の道）が現れるということを意味している。本人の感情や経験、信念に基づく主観的な考えや判断である〝意見〟、そしてそれらが意識的、無意識的に前提としている〝想定〟を自らの前に掲げ、その意味を自ら認識する営み、そしてそれを複数人でそれぞれに、あるいは協同して行うことで、グループにある類似性や相違性が見えてくる、そうしたプロセスを経て、何が重要かが見えてきたり、異なる視点から双方が共有できる新たな道への創造がはじまる、ということである。

この「創造的営みとしての対話のプロセス」には、第2章でみた自身の内的リソースと環境のリソースの相互作用によって知をつくりだす、あるいは概念変化をさせていくという学びが内包されている。対話によって各人に学び（概念の変化、脱構築あるいは価値観や世界観の変容）があり、学びを経て視野や視点が変化した両者だからこそ新たな意味、価値、道の創造にすすめる。そして新たな価値の創造に取り組むなかで、新しい問い（課題やテーマ）がまた両者の間に置かれ、双方の違いをあらわにし、双方に学びが生まれていく。本書の学びにおいて、「学び」と「創造」は対話を軸に共進する関係にあるのだ。

何が対話の機能を作動させるのか？

「対話」という営みに内在するプロセスを詳細に見ていくことで、対話によって発生する学びと自己の更新、そして創造の可能性が見えてきた。ではどうすればそのような「対話」はできるのか。「問いの力」同様、その作動条件やポイントを考えたい。

〝違い〟の効果

まず確認したいのは、「建設的相互作用」にしても、ボームの考えにおいても、発言者とそれを聞いた人の間に必ず発生する〝違い〟がテコとなっているということである。ここで言う〝違い〟は、意見の相違はもちろんだが、完全に共通する意味の理解は不可能であるという前提に立ち、発言者の意図と、受け取った者の理解に必ず生まれる違いやズレのことも含んでいる。事細かに理解を進め、納得、共感まで至ったとしても、発言内容に対する考えや想い、納得の理由、その理由の背景までも考えると、完全な一致は確かにあり得ない。発言者と、それを受け取った者の間にあるこの違いに気づき、「この差を考慮すれば、最初の話し手は、自分の意見と相手の意見の両方に関連する、何か新しいものを見つけ出せるかもしれない」(38頁)とボームは主張する。例えば、自分の意見と異なる意見に出会えば、その意見自体が発言者にとって新しいだけではなく、相手がそう考える理由、そして自分がそう考えなかった理由、同様のテーマについて異なる意見が存在する理由等々、思考が展開していく方向がたくさん発生する。相手に共感してもらえていたり、おおむね理解が共有できそうだったとしても微細な違い(個別の論点に対する意見や認識のずれ、納得の度合いなど)にフォーカスし、その違いがなぜ生じたのかに意識を向ければ、発想は広がる。そして、それが相互にやり取りされ、共有されることで、双方から新しい解釈や考えが絶えず生まれ、時にそれが共有され、グループとして新たな知の創造に至ることがある。

もう一つ、ボームの考えにおいて重要な点は、「あなた(自分)の意見を目の前に掲げて、それを見ること」の大切さにある。自分たちの意見の意味を自分たちがわかっていないという前提に立って、それをわかるように取り組むことに、対話の目的が掲げられている。課題遂行者効果の説明で「わかっていない部分がわかったり」とさらっと書いたが、実はこのことが垂直的成長につながる学びの場をデザインするうえでは非常に重要である。つまり、対話を通して自分自身に気づきの矢印が向くという機会の重要性である。人は、自分が発する意見が意味することを、実はそれほど認識、理解してはいない。なぜそう考えるのか？　それ以外はないのか？　自分が発した意見の含意するところはどこまでか？　あるいはその限界はどこからか？　こうした粒度で、自分の意見を考えて場に出すことはほとんどないだろう。しかしそうしたことを考えるプロセスが、垂直的成長への重要なきっかけになる。垂直的成長においては、価値観や信念がゆらぎ、更新されたり拡張したりすることが重要となる。価値観や信念は過去の体験や経験によって形作られているが、そのことやその内容に得てして人は無自覚だ。あまりにも当たり前すぎるほどに深く根づいているからこそ価値観や信念ほどに強固でゆらがないものとなる。それらを自覚させ、ゆらぎを起こす方法が、対話であり、他者との〝違い〟との出会いである。

何かを自分で言葉にしてみる、話した内容に対する相手の解釈を含んだリアクションによって自身の考えの特徴や欠点に意識が向く。他者の「理解できない」という反応が、自分の考えを精緻化する機会になる。自分にとってあまりにも当たり前と思っていたことを相手に「なぜそう考えるのか？」と問われることで、自身の固定観念に意識が向く。他者同士のやり取りを第三者として見ていることによってもこうしたことは起こっていくだろう。その繰り返しのなかで、自分の個性や主張の特徴に気づき自分が何を前提としていて、それは自分のどんな体験や願いからきているのか、ということを考えはじめていく。わかっていると思っていたはずの自分のことがわかっていないということに気づき、自己の考えや意見、その背景にある価値観や常識の探求が始まる。それらを客観的にとらえることが、手放したり、更新したりしていく第一歩になる。そうした営みを相互に行い更新された両者の話し合いの結果として、創造がはじまっていく。相対立、あるいは異なる価値観がぶつかり合ったときには、その前提に対する疑いのまなざしが生まれる。それこそが、双方の当たり前を意識の俎上に上げ、扱えるようにさせる対話の重要な機能である。問い（課題やテーマ）に対する対話をとおして自己の更新があり、更新した自己同士のさらなる対話によって対立を超え、互いの意見をアウフヘーベン[2]（止揚）した新しい道の創造が生まれていくのだ。

繰り返しになるが、そうしたテーマ（人の価値観や願い、前提や常識に接するようなテーマ）を扱えば、直接的にそうした学びの場をつくることになる、ということであり、今回紹介している学びの場のなかでそういったテーマを設定しなければいけないというわけではないし、限られた学びの場の時間内で垂直的成長を目指す必要は必ずしもない。ただ、その契機が対話に含まれている、ということを踏まえて、あるいは意識して学びの場をデザインすることが重要なのである。

心理的安全性

こうした対話の機能を作動させるためには、学びの場に多様な人が存在することがまず重要となる。しかし「違い」は人が集まり話し始めれば直ちに立ち現れるのかというとそうではない。ボームは、「新しいものが創造されるのは、人々が偏見を持たず、互いに影響を与えようとすることもなく、また、相手の話に自由に耳を傾けられる場合に限られる」（『ダイアローグ』38頁）と言っている。対話をする際の心理的安全性の重要さは「対話」の重要性が語られるほぼすべての場面において確認されるといっても過言ではない。しかしそれを真に実現できている場面はそう多くない。心理的安全性を担保するためにはさまざまな工夫や配慮が必要で、一つの対話の場、学びの場だけで実現することは多くの場合難しい。集まった学び手同士がすでに知り合いだったり、何か月、何年も時間をともにしている生徒同士や同僚同士だったりする場合、そこには関係性があり、すべての人に心理的安全性が担保されていることの方がむしろ稀である。初めて会った人同士だとしても、緊張感があり、互いが知り合って数分、あるいは数秒でそれぞれの背景や人柄を知り合って関係性は築かれる。

プロセス指向心理学・プロセスワーク創始者のアーノルド・ミンデルは、「ランク理論」を提唱し、個人個人がもつ特権の集合体をランクと呼んだ。社会的、もしくは個人の能力やパワーによって形成され、その空間やコミュニティにおいて本質的に価値があるかに関わらず、相対的に優位性がある要素のことをいう。例えば、日本社会ではまだまだ男性であるという特徴に高いランクが付与されがちだし、初めて飛び込んだコミュニティではそこでの立ち居振る舞い、暗黙のルールがわからずストレスを抱え低いランクが付与された状態になる。一方で自己肯定感が常に高い人は比較的どんな場面でも高いランクを維持する。ランクは人が集まる場にはほぼ必ず存在するとされ、そして自覚的な場合と無自覚の場合があり、ランクが高い人は無自覚なことが多く、低い人は自覚的であることが多い。ランクが低い人は心理的安全性を感じられない場合が多く、自由な発言、対話が難しくなる。一方、そうした空気感を作り出している当事者たちはランクが高いゆえにそのことに気づかないことが多い。スクールカーストという言葉はこうしたランクを言語化し、ある程度固定的にとらえたものといえるだろう。みなさんが所属する組織や経験された場における居心地の良さや悪さ、そこにいる人々が関係性において感じていると読み取れる優位劣位を思い浮かべて、その背景に何があるかと想像してみると、イメージがわくかもしれない。

ランクには、固定的ではなく瞬時に変化する類のランクもあるとされており、日頃からの関係性にどう働きかけるか、そして初めて会った人々同士の関係性をどう最初に紡ぐか、ということに知恵を絞ることが重要だ。一方で、限られた時間、限られた学びの場で何ができるのか、ということも考える必要がある。一つはここまでの議論にも通じるが、学びという現象を起こしていくうえで「違うということ」がいかに価値深いか、ということを提供者、学び手が確認すること、もう一つは、「聞く」ということに意識的に取り組むことだ。まずは後者から話を進めたい。

〝聞く〟ということ

思考の自己受容感覚

まず他者の声を聞く前にやることがある。それは自分の声を丁寧に聞くことだ。

人は、誰しも異なった想定や意見を持っているが、自分の想定を正当化し、守ろうとせずにはいられないものであると、デヴィッド・ボームは考える。人が持っている意見は、過去の思考の結果であり、意見と自分を同一視しがちだからである。「守る」と聞くと、強固で強情な姿勢を想起するが、必ずしもそうではない。コミュニケーションにおいて人の話を聞いていると思い込みながら、望ましくない事態、自身の考えと矛盾したり、対立したりする考えとの出会い（想定が挑戦を受ける場面）に対して自分を防御することは誰しもにある。**図表16**のような場面はどうだろうか？　自分とは意見が合わないと思っている上司に呼び止められ、仕事に対するアドバイスがはじまり「〇〇くん、この間頼んどいた△△の案件だけど、いま君がやっているように、先に大規模な調査をするのではなく、具体的なターゲットにまずインタビューをして、ある程度当たりをつけてから、何を聞くか考えて調査で聞いたほうがいいよ」、と言われたとする。そのときに「先に大規模調査をするのではなく…」のあたり、あるいはもっと早い段階で、「はいはい、そう言われると思ってましたよ。はぁ…この場をどう切り抜けようかな～」と、反論、あるいはその場をしのぐ道筋を考え始めること。実際に話を遮ることはせず見た目上は聞いてはいるが、頭の中は自分の思考や意見で埋め尽くされている。これは、真の意味で「話を聞いている」とは言わない。自身の想定を正当化し、守ろうとしているのだ。

　そうした場面においては、「自分を守らないようにしよう！」あるいは「相手の話に受容的になろう！」ということよりも、判断しようとしている自分自身の思考に気づくこと、そしてその判断を留保することが重要であるとボームは言う。すなわち自分の声にまず丁寧に耳を傾けることが重要なのだ。ボームは「思考の自己受容感覚[3]」という考えをもとに、そのことの重要性を示す。「人は思考しようとする意志を持っているが、たいていはそれに気づいていない。思考するのは、考えようという意図が働くからである。問題が発生し、考える必要があるという発想から、こうした意図が生まれている。」（『ダイアローグ』77頁）と言っている。

図表16　自分の想定を正当化し守ろうとする

相手の話を実際にさえぎることはなかったとしても、頭の中では相手の意見を否定したり、反論を用意したりしながら、相手の話に耳を傾けることはせず、自身の考えを守っている。

　自分のことは自分が一番わかっていると思うかもしれないが、実際そんなことはない。人間の行動のなかで無意識に行われることは8割とも9割とも言われる。それほど、習慣や直感、非自発的な行為が日常を満たしている。学びの場がやや非日常的な空間だとしても、「話し合い」という日頃あまりにも自然に行っている行動に帯びる無意識の行為、挙動は、〝あえて〟意識を向けなければ自動的に発動する。そうした事情を前提に置き、相手の話が始まって数秒後に、自分が相手の話の粗や共感できない点を探したり防御したり、回避しようとしているという思考に気づき、それ自体を関心の対象として意識の俎上に上げること、そして「判断を留保することからはじめよう」、ということだ。自動的に動き始める無意識の挙動を止めることから、意識的思考を始めることができる。そして、そこから自身のリアクションを選ぶことができれば、発言者に対する無遠慮な非難、批判（相手に伝わっていないように思えても、案外それは伝わっているものだ）を防げるかもしれない。無下に判断せずに、相手の言葉の真意や背景、相手が前提にしていることに意識を向けてみることで、新しい気づきに出会える確率は格段に上がる。

これは学びの場においても同じことだ。何らかの問いに対して、自身の意見や考えが立ち上がる。それは素晴らしいことだ。一方で、そのことが他者の意見の否定に直ちにつながってしまっては、多様性のある対話の場は生まれづらいし、それが無意識にも染み出てしまっていては、他者の発言の機会を心理的安全の疎外という形で奪う可能性がある。学びの場の参加者全員が自分は大丈夫、と思わずに無意識に始まる自分自身の思考や挙動に意識を向ける準備が大切だ。

聞き方に意識を向ける――「オープンに聞く」

第1章で自発的注意と非自発的注意について述べたが、これまで述べてきたことは、対話の機能を作動させやすくするには各人の注意力を高める（自発的注意によってコントロールできるようになる）ことが重要である、とも表現できる。ただ自己の在り方は、何もないところで「意識しよう」と心掛けるよりも、なんらかの行動に伴って意識する、つまり「○○（意識）のように△△（行動）する」とした方が取り組みやすい。しかも本書の前半で示したとおり、現代人の日常は客観的な評価にさらされている。「即時リアクション（即レス）」が求められているなかで、判断を留保したりすることは、職場や教室という空間、組織や学級という関係性において難易度とリスクが高い。だからこそ、丁寧な工夫や仕掛けが必要になる。ここできっかけとなるのが「聞く」という行動である。第1章でも紹介した、世界中のさまざまな地域で、対話によって非常に難しい問題に取り組んできたアダム・カヘンは、『それでも、対話をはじめよう』(4)(小田理一郎訳、英治出版、2023年)のなかで、「オープンに聞く」、「内省的に聞く」、「共感的に聞く」という三つの重要な聞き方を示している。学びの場においては特に前者二つが重要となるので紹介したい。

「オープンに聞く」とは「相手から出てくる何かに対して、進んで自分自身をさらけだす」（108頁）ことだとアダム・カヘンは言う。　聞くという受動的行為において自分自身をさらけ出す、という表現は難解に感じるかもしれないが、自身の立場を手放して〝相手の立場にたって聞く〟、ということである。その際に重要なのはすでに触れてきたことと重なるが話を聞いている自分のなかに、正しい正しくない、良い悪い、というジャッジが立ち上がっているかどうか、に気づくことである。話し合いのテーマや状況によってはそのジャッジが重要な場面もあるが、対話、こと学びを起こしていくための対話においては、ほとんどの場合重要ではない。相手が言おうとしていること、それが正しくとも間違っていようとも、良いことでもそうでなくても、まず真に聞くこと、そのことで自身との差分をより詳細にとらえられる。正誤、良い悪いのジャッジにさらされないということが全体で共有されれば、話しやすさと心理的安全性は格段に高まるだろう。あるいは「即時リアクション(即レス)」が無意識のレベルで重要視される空間において、あえて「一呼吸を置く」というルールを定めて共有する、というのも有効かもしれない。誰かの発言に対し、自分の心や頭に浮かんだことをすぐに言葉にして発するのではなく、**図表17**のように言葉として付せんやメモに書き、「なぜそう思ったのか?」、「それ以外はないのか?」、「良い悪いという評価を踏まえずに意見するとしたらどんな言葉があるか?」と、問いを自らに向ける機会を対話に埋め込むことで、「オープンに聞く」ということを訓練できるかもしれない。

聞き方に意識を向ける──「内省的に聞く」

次は、「内省的に聞く」。これは他者の発言による新しいアイディアを受け入れ、進んで影響を受け、そして〝変わろうとすること〟とされる。正しい、間違っている、良い悪いといった判断を手放すことから一歩進み、その話から影響を受けられるポイントを探すということだ。人は得てして、「○○しない」という禁止表現よりも、「○○する」という推奨表現の方が前向きに取り組みやすい。「自身の意見や考えに固執しない」とするのではなく、「むしろ進んで影響を受け変わろうとする」という積極的な意識で聞くことで、対話のなかで変化が起きていくこと自体に対しポジティブな心構えを持つことにもつながる。そしてそのことを発言者と聞いている側の間の共通認識にできれば、話し手は聞いている側にとって何か新たな影響を常に提供してくれる重要な存在となる。

図表17　オープンに聞くための工夫

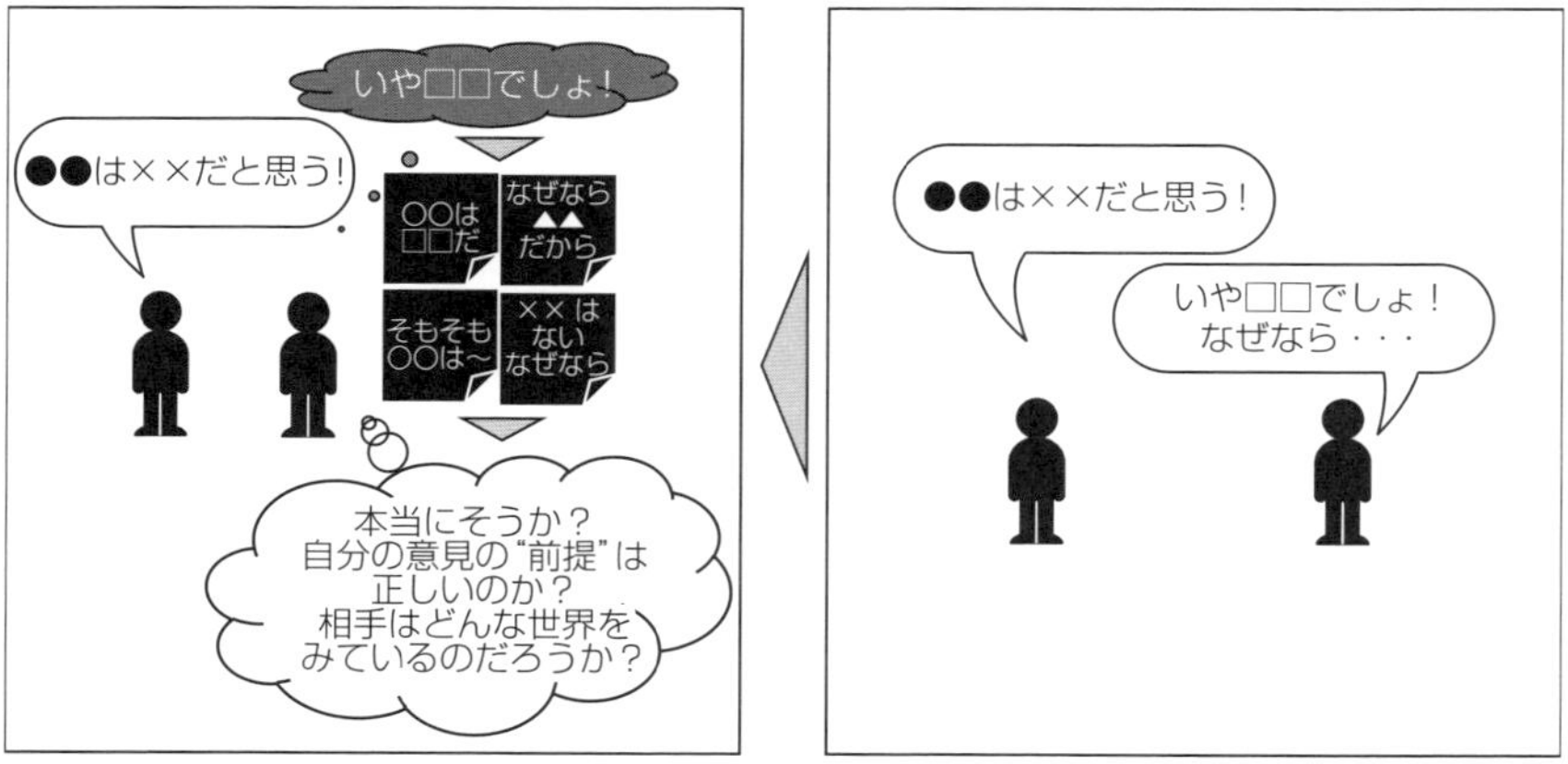

相手の話に対して、反論や否定的な考えが浮かんだ際に、すぐに言葉に出すのではなく、一度その考えを書き出してみて、それらが「どんな前提をもって湧き上がってきた考えか？」「相手と同じ前提を共有できているか？」を一度意識してみる。そうすることで、相手との違いを「意見の違い」ではなく「前提の違い」として扱える可能性が生まれる。

聞き手は話し手を歓迎し、話し手はより話しやすくなるだろう。

"違う"ということ

続いて「違うということ」がいかに価値があるか、ということの確認によってその場の心理的安全性を高め、対話の機能を作動させることについて紹介する。ここまでを読み進めていただいた方は、正しさや良さよりも、ただ異なる、ということが本書で扱っている学びにおいていかに重要であるか、ということは十分に伝わっていることだろうが、改めてここで丁寧に扱っておきたい。

少数派がもつ可能性

社会心理学者、小坂井敏晶が著した『矛盾と創造―自らの問いを解くための方法論』(祥伝社、2023年)に「少数派が秘める力」という節がある。学問や研究、知に向き合う方法論がテーマの書籍であり、学者が前の理論の欠陥を乗り越え新たな理論が生み出される様相を描きだす箇所で紹介される文章なのでこの小坂井の本における本筋からすると周辺的な内容なのだが示唆に富んでいるので紹介したい。

少数派影響の特徴として、第一に「少数派に影響される時、建前を維持しつつも本音が変わる」こと、第二に「少数派影響は無意識に浸透する。自ら気づかないうちに影響を受ける」こと、第三に「少数派の影響は時間の経過とともに影響効果が強まる」こと、そして第四に「少数派が行使する影響は盲目的な追従や模倣ではない。常識を見直すきっかけを少数派が与え、新しい発見や創造へ導く」ことが挙げられる(52-53頁)。社会的集団がいかに形成され、そのなかで社会規範がどのように成立し、多数派と少数派がどのような機能を果たすか、といった論点において語られる少数派の特徴なので、学びの場という限られた時間、限られた空間に直接的に援用するのは飛躍もあるが、参考になる部分は多い(5)。学び手同士の関係性にもよるが、なんらかの問いに対して少数派の意見が場に出された時、その瞬間のリアクションは常に受容的とは限らない。しかし、その発言の内容によってはじわじわとグループに伝播し、対話を通して他者の意見や全体の方針に影響を及ぼしていた、といった体験は多くの人にあるだろう。

特に重要なのは第四の特徴である。右の引用のあとにこう続く。「多様な見解が衝突する中で、暗黙の前提が新しい角度から見直され、多数派と少数派どちらの立場でもない新しい着想が現れる。少数派の主張内容を超え、背景にある世界観や人間像が問い直される」(53頁)。グループ内での暗黙の前提や合意が新しい意見、少数派の意見によって見直される、そこから新しい着想が現れ、それぞれの考え、あるいは集団として共有していた考えの背景にある世界観や人間観自体が、問い直される契機をつくりだすのが少数派の存在である。まさに、本書でここまで論じてきた問いと対話の連関構造によって生み出したい体験、学びに通じていると言える。

少数派の影響を場に起こすために

では、そういった少数派の影響を対話の場で維持、作動させるにはどうすればよいのか。すなわち学びの場に多様な人々が集まったうえで、少数派が自分の考えを場に出しやすくするにはどうしたらよいか。まず、「少数派が存在すること自体が価値である」、というテーゼに共通了解を得ることが非常に重要だ。これは「少数派の意見を尊重しよう」、「少数派の意見にも耳を傾けよう」ということとは似て非なるものだ。「少数派の意見を尊重しよう」というテーゼは少数者の権利や彼らへの寛容さ、思いやりが根拠にある。

それも重要だ。だが暗に少数意見は少数意見であり続けると思われており、それらは「承認」の対象となる。「少数派の意見にも耳を傾けよう」というテーゼは、少数派の意見に真理や妥当解につながる要素がふくまれうるという可能性が根拠にあるが、これはその意見の質が重要となり、少数意見は「判断（ジャッジ）」の対象になる。多数派が自身の意見に固執しながら耳を傾けていたら、その判断は厳しいものにもなりうる。このどちらもが、対話の糸口にはなりづらい。前者では真の意見の交流は起きないし、後者に至っては少数派が意見を言うハードルが著しく高くなってしまう。「少数派が存在することそれ自体の価値を認識する」ことが大事なのだ。意見が分かれているのはなぜか、大勢がAを選んでいるのに、少数でもBがいるという事実は、0コンマ何%だとしても、その可能性があるということの証左である。その事実が、前提を疑う問いを生む。これは対話につながる非常に重要な契機となる。

そうした構えを共有したうえで場に少数派の意見が出されたとして、どうするか。ここでも、小坂井の主張が参考になる。社会生活における問題に対する情報源（個人・集団・マスコミなど）と自分の意見に相違があった場合に、対立が解消される方法は次の三つであると小坂井は主張する。一つ目は少数派が多数派の権力や権威に寄りかかって同意する。二つ目は主張を情報源（誰が言ったか）の特殊性のせいにして意見の相違を正当化する。この人は自分たちとは違うから、主張が異なるのは当たり前だよね、ととらえることだ。この二つの対立解消は情報源だけに注意が引き付けられ（一つ目は多数派や権力が情報源だから同意する、二つ目は情報源が自分と違うから相違が生まれているとして分類（無視）する）主張内容は吟味されない。最後に、少数派が一貫性をもって意見・判断を主張し続ける、あるいは一人ではなく少数ではあるが複数人が同じ見解を固持し、全体がその意見や判断に対して根拠があるかもしれないと考え始めることで、対立が解消に向かう可能性があると主張する。この三つ目のみが、情報源を棚上げして問題だけに注目していると、小坂井は言うのだ。
　少数派にとっては酷なことかもしれないが、一貫性をもって主張し続けること、一人が複数人になっていくことで、その主張の内容が吟味され、多数派や集団全体に変化や創造を生んでいく。あるいは主張が受け入れられなかったとしても主張し続ける少数派に対し問いや言葉を届けるために、多数派は自分たちの考えの背景にある世界観を再考したり、問いに改めて向き合っていくこともある。もちろん大切なのは少数派に頑張ってもらうことではなく、多数派がそうした可能性と魅力を認識して受容的になることだ。例えば、少数意見が出てきたときにこそ「オープンに聞く」、「内省的に聞く」ことを積極的に意識し、**図表18**のように自身の意見を棚上げして二人目、三人目の少数派をあえて演じる、ということを学びの場において推奨する場面を作る（あるいは時折そういうルールを設ける）のも面白いかもしれない。

図表18　少数派を演じてみる

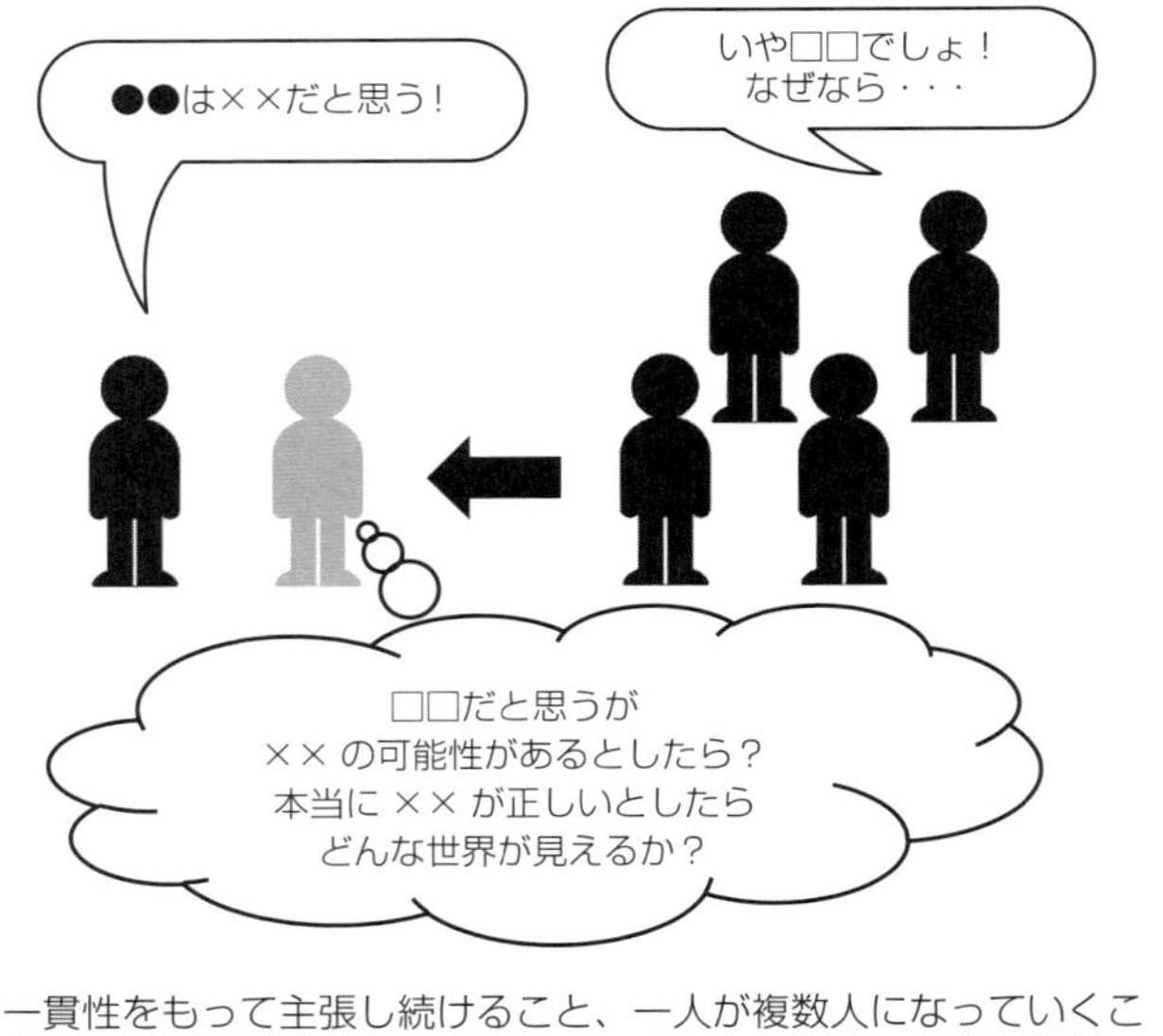

一貫性をもって主張し続けること、一人が複数人になっていくことで少数派の影響が場に生まれていくことを鑑み、自身の意見、考えを一度棚に上げて、あえて少数派の立場に立ってみながら話し合いを進行してみる。

　最後に小坂井はこう述べる。「少数派影響は単なる模倣や同調ではない。異なる意見を突き合わせて新たな考えが生み出されるプロセスだ。少数派という触媒に刺激されて自分自身が変わるのである。少数派の意見が多数派に受け入れられても、それでは初めからあった意見の賛同者が増えるだけだ。新しいアイデアは生まれない。異端者の見解と衝突し、暗黙の前提を新たな角度から見直す契機が与えられる。こうして多数派の見解にも少数派の立場にも収束しない思考が現れる。」（55-56頁）と。

授業や研修において活動の成果（企画やアイディアの質や、学習内容の報告やレポートの完成など）に執着していたら難しいことも、学びを生むことに意識を向けることで、できることがある。正解を探すことでもなく、いわんや一つに意見を収束させることでもなく、ただ対話によって自分と自分以外の人の意見の違いに出会うこと、そしてその営みを通して自分と集団に気づきや学びが生まれることを最重要視すれば、少数派はその場のヒーローとなる。デヴィッド・ボームも「考え方を共有すること、良心を分かち合うという態度の方が、意見の内容よりもはるかに重要である」（『ダイアローグ』93頁）と主張する。

結論を出す必然性

対話に関する議論で最後にもう一つだけ触れておきたいことがある。

多様な学び手が学びの場に存在し、ただ存在するだけでなく彼らが意見や考えをできる限りフラットに場に出せることの価値は、何度言っても言いすぎることはない。しかしそうした状況のなかで安易に「価値相対的な結論」に至ることも同時に避けるべきである。「それぞれ異なる意見でそれぞれにいいね」、という形で価値相対主義を決め込んでいては、対話による学びは生まれない。異なる他者、意見の違う面々が、何らかの合意を実現できる地平を模索する営みが非常に重要なものとなる。他者との違いを大切にしながらも結論を出していく場面では、場に出た意見(What)に執着しすぎず、自分の意見にも固執しない、他者の意見だからともちろん拒絶せず、あるいは遠慮して尊重しすぎることもしない、互いにそうした意識をもって、人と意見を切り離してそれらの意見をただ対象として眺める、そして双方の意見が包含する(わかちあっている)ことは何か、あるいはそれらの間に共有できる部分があるとしたらどんな視点なのかということを思考していくことが求められる。双方の意見の背景(Why)、そのまた背景、あるいは体験や価値観(暗黙の前提)にも意識を向けながら対話を重ねることで、新たな方向性に行き着く可能性が開かれる。対話を通して、異なる意見をアウフヘーベン(止揚)して、原理的、根源的、本質的なアイディアをグループで生成するそうした営みにこそ、〝学び〟が起きるのだ。

本書では「活動は学びの手段」としているものの、合意や結論を生み出す必然性を学びの場の対話に埋め込むという観点からも、活動(PBLなどで行われる企画の検討、課題の解決策の検討など)は〝有効な手段〟といえる。活動に全力で取り組むこと、すなわち他者の意見、互いの違いを真に大切に扱いながら、一つの結論を導き出すことに真摯に向き合い、諦めないことが学びにつながる。本書が扱う学びにおいて、「学び」と「創造」は対話を軸に共進する関係であるとしたが、あくまで「学び」を目的としたうえで活動を最大限有効活用する、その営みのなかに、自己の更新と拡張の契機がある(もちろん、価値の創造こそが上位に置かれる場面は多く、そのことは筆者も大切にしたいが、学びを大切にする場、空間をもつからこそ、さまざまな場面、状況で価値の創造に取り組めるようになっていけるのだ)。

対話の機能を作動させるためのさまざまな概念が登場してきたので、ここで一度まとめておきたい。学びを効果的に生み出していくために対話の機能を作動させるには、その場に多様な個性が集まり、その誰しもに心理的安全性が担保されていることが重要である。そのために、「少数派が存在すること自体が価値である」というテーゼを共有することが大切である。またそのことに対話を通して取り組むためには、他者の話に対する「聞き方に意識を向ける」、すなわち「オープンに聞く」、「内省的に聞く」ことを通して、他者の心理的安全性を高めていくのが有効である。さらに、他者の話を聞くうえでは、自身が気づかぬうちに思考し、判断してしまう可能性に意識を向けておく必要がある(「思考の自己受容感覚」をもつ)。このように集団で異なる意見や考え、想いを場に出し合っていくなかで、合意が得られる地点を模索し、結論を出そうとする姿勢が、大きな学びにつながる対話をつくりあげていく。

おわりに──設計者の意識、学び手の意識

第4章と本章では、学びの場をつくりあげていくための問いと対話の機能とそれらが作動する条件について考えてきた。最後にここまでみてきたことは学び手にどれくらい浸透させる必要があるのか、ということについて確認しておきたい。

筆者はここまで紹介してきたことを設計者がまずしっかり認識し、デザインする際に意識し、学びの場づくりに組み込んでいくことが大切だと思っている。次章以降の問いや対話の具体的デザインにおいても意識して紹介していくが、どこで、というよりも全体を通じて意識すること、そして設計だけでなく提供もする場合は、学び手の前に立ち、インストラクションや問いを学び手に届ける時、はじまった学びにファシリテーターとして寄り添う時、学び手からの質問や、学び手の発言に対して何か言葉を返す時、学びの終わりに何か言葉を届ける時、そのすべてにおいて意識を向けておくことが重要だ。

そのうえで、学び手には、「無理なく可能な範囲」で意識してもらえたらよいと考えている。特に、「問いの機能の説明」、「対話の機能の説明」といった形で、時間をとって丁寧に説明し、そのためにどのように取り組んでほしいか、ということを一つ一つ伝える、といったことはあまり得策ではないと考えている。それは、次の章の学びに向かうモチベーションに関する部分で丁寧に説明していくが、学びという営みは学び手の没入体験によって促進され、この没入体験を実現するうえでは、「学びの場の〝物語性〟」が非常に重要だからだ。物語の途中に、あれはやってよい、これはやってはだめ、このようにやってほしいというチェックリストは増えれば増えるだけ物語から醒め、現実世界に引き戻される。また「何のために何をする、そのために何を心掛ける」というふうに意識しなければいけないことが増えていくと、単純に集中力は分散せざるを得ない。その結果「問われていることに対して思考する」、あるいは「対話のなかで発見や気づきを探索する」という重要な取り組みに注がれるエネルギーを減じかねない。また、意識することや心掛けることが、学び手にとっての自由な取り組みや積極的な姿勢を制限して（制限しようとする意図を受け取り権威を感じて）しまっては、結果的に問いや対話に向かうモチベーションが下がったり、受動性（やらされ感、やってあげている感）を高めてしまい、学びという現象が起きづらくなる。

だからこそ、説明したり、チェックリストのように示すのではない形で、問いの機能の作動に資する構えや対話の機能が作動しやすい考え方を、学び手自身の選択、あるいは気づかぬうちに振る舞うように、設計者は学びの場をデザインしていくことが本来理想的だ。

一方で、学び手が問いや対話の機能を十分に理解したり、納得してなければ学びの場に入れないわけではない、ということは重要なポイントだ。第3章の「どんな人に学びを届けるか―ニーズをとらえる」で確認したとおり、学びを提供する相手はさまざまである。だからこそ、すべての学びの場で、同じような到達点を目指すことは不可能だし、目指すべきでもない。その集団や個人に合った到達段階を設定すること、そして学びの場の後の日常における学びの発展に資するデザインを行うことが大切だ。したがって、設計者がしっかり認識しつつ、どこに注力するか、どこには柔軟でいるか、ということを考えておくことも重要になろう。

学校の授業はもちろん、長期研修など長期的に同じ集団に学びを届け続けられるとしたら、「問いの可能性」や「対話の可能性」それ自体をまずは学びのテーマに掲げ、ここまでに紹介したことに学びのプロセスの中で出会うようデザインし、学び手に内面化させていくことも非常に有効だ。前述したダイバーシティ&インクルージョンをテーマにした探究学習の開発では、学校で多様性が標語としては広がっているものの、その本質の探求にはなかなかたどり着いていないということを問題意識としてもっていた。そのなかで、互いの違いを知ること、どこまでいっても知りえない違いが存在するということを体験も踏まえて学ぶプログラムを開発した。そうした学びを経た生徒たちは自分の特権性（ランク）に気づいたり、言葉に出さなくても苦しんでいる他者の存在に意識を向け、対話において言葉を発しづらい班のメンバーに対し共感的になったり、異なる意見に対してその背景に思いを馳せるような変化が起きていった。これは対話に向かうかまえ自体をととのえるのに寄与したプログラムともいえるだろう。もちろん、学級や生徒、学び手一人一人の状況に大きく左右されるし簡単なことではないが、扱うテーマや学びの場のデザインによって、自己の在り方に矢印を向け、変化に開かれた状態を整えていくことは十分に可能である。あるいは、改まって実施される学びの場ではなく、日頃の学級運営やチーム作り、組織づくりにおいて問いや対話の機能が作動する構えを意識する時間をとっていくことは、関係性の質を高めることになり、学級の文化醸成、仕事の効率や成果、新たな価値創造や課題解決に間違いなく寄与する。(6) 非日常の時間だけでなく日常の時間をうまく使いながら、浸透していくように工夫していくとよいだろう。

注

（1）Miyake, N. Constructive Interaction and the Iterative Process of Understanding, *Cognitive Science*, Volume10, Issue2,1986, pp.151-177.

（2）ドイツの哲学者ヘーゲルが弁証法で用いた。相反する意見、矛盾する考えに対して、異なる視点（高い次元）から統合的な見解を生成する営み。

（3）神経生理学における概念。「体は自分の動きを自覚できる。体を動かしたとき、人は意志と行動とが関連していることに気付くはずだ。動こうという衝動と、動きはつながりがあると思われる」（『ダイアローグ』76頁）とする。脳科学や神経科学の分野で、思考が意志によって発生しているのか、意志よりも先に発生しているのかという議論は発展していっているが、その点に分け入って議論するのは本書の目的の外にある。

（4）共感的に聞く、というのは同意や同情とは異なるという点が重要だ。意見に同意するかは留保し、〝他者に寄り添って〟発言の背景にある感情を共有する同情でもなく、「その人の〝立場になり切って内側から〟その感情を共有すること」（アダム・カヘン『それでも対話をはじめよう』133頁）とある。

（5）引用した少数派の特徴だけでなく、多数派の影響や少数派に出会ったときのふるまいなども紹介される。多数派の影響がすぐに表れやすかったり表層にとどまりその場限りで消えやすいこと、少数派に同意することは周囲からの嘲笑、制裁をうける可能性をはらみ表だっては斥けたり、反対の立場をとったり、同一化を恐れる傾向があること、少数派から影響されることに対して本人さえも無意識であるがゆえに少数派という影響源が忘れられ、影響内容のみが受容され、他者からの影響にもかかわらず自分の考えだと錯覚することもある、といったことも指摘されており、幅広い観点から示唆に富む。

（6）MIT組織学習センター共同創始者のダニエル・キムが提唱する「成功の循環モデル」では、「関係の質→思考の質→行動の質→結果の質→関係の質」という正の循環のモデルが示される。何かに取り組もうとすると、行動や結果といった目に見えることに意識が向きがちだが、関係の質こそがこのサイクルをポジティブに循環させていくレバレッジポイントであるとされる。

column 3

問いと対話以外のデザイン ―グラウンドルールと環境のデザイン

問いと対話に加え、効果的な工夫をもう一つ挙げるとしたらグラウンドルールがある。学びの場における取り組み姿勢を整えるものだが、使い方によって大きく学びを促進する。筆者がグラウンドルールを設定する際に意識していることは、欲張らないこと、行動に落とし込むこと、前向きな表現にすることだ。学び手が意識するための注意コストを下げ、忘れられない、思考や対話へのエネルギーを減じないためには欲張らないことが重要だ。３個程度、短い文章がよい。「このグラウンドルールを体現するにはどうすればいいんだっけ？」と考えている時間が、効力を下げるので行動に落とし込む。どんな場面、状況でどんな行動をとるかが直感的にわかるものが効果的だ。一つのルールに複数の要素が入っているのも効果が落ちる。そして「～しない（してはいけない）」よりも「～する（しよう）」という前向きな表現にすることで、一般的に人はストレスなく意識できるようになる。難易度は上がるがもう一つ加えるとしたら、グラウンドルール全体が同じような語呂、テンポになっているなど、口に出すときにリズムがあることも有効だ。すんなり覚えられれば、体現してもらいやすいと同時に、学び手が口に出す機会が増える。純粋接触効果は馬鹿にできない。先生や講師がグラウンドルールを何度も確認するのではなく、学び手同士が合言葉のように言い合っていたら、素晴らしいグラウンドルールができて、実践されているといえるだろう。

加えて、物理的な環境のデザインが学び手に与える影響も大きい。昨今スクール形式（先生が教壇に立って、生徒が整然と前を向く形態）以外の形式の授業は多い。島（グループごとに座った状態）になっていることで、「先生の発信する情報を重視する場」から「生徒同士のインタラクションが重視される場」へと、環境から学び手が受け取るメッセージは変わる。これは口で言うよりも圧倒的に大きな効果を生む。いつものオフィスを離れ自然の多い場、机や黒板がない空間で実施されることで、「いつもどおりじゃなくてよい」というメッセージを届けられるかもしれない。私服で参加することやあだ名で呼び合うことなども、些細なことだがオープンさや自由さを演出できる。事前案内、招待を出すような場ならそこも工夫のしどころだろう。さまざまな要素から影響を受ける人間の感性、感受性を大切に、多面的な工夫を盛り込んでいくとよいだろう。

第6章

問いと対話のデザイン

第4章、第5章を通して、問い、対話にはどんな機能があるのか、そして学びの場をつくっていくためにそれらを有効に作動させるためにはどんなことを意識すべきなのか、という考え方を紹介してきた。これまで示した考え方を、いま行っている学びの場づくりや、授業の設計、研修で意識し、具体的に組み込んでいくことで、さまざまな学びの場の質を高めることができる。

一方本書の狙いは、社会構成主義的な学習観を背景に学び手の主体化を願う、さらには垂直的成長に寄与するような学びの場を実現する探究学習や、ワークショップ形式の研修設計の基礎を確立するための一つのモデルを具体的に提示することでもある。それはつまり、第3章で紹介した「三段階の問いと対話の連関構造」を骨組みとしてデザインする術を提示することだ。

本章では実践編として、三つの問いそれぞれをどのように考えていくのか、それぞれの対話ではどんなことを工夫すべきか、紹介していきたい。第3章で検討した、学び手の状況、意図、そして第4章で三つの軸をもとに検討した問いのリストを手元におきながら、そして**図表19**のデザインプロセスの全体像も適宜参照しながら読み進めていってほしい。

図表19　学びの場のデザインプロセスの全体像

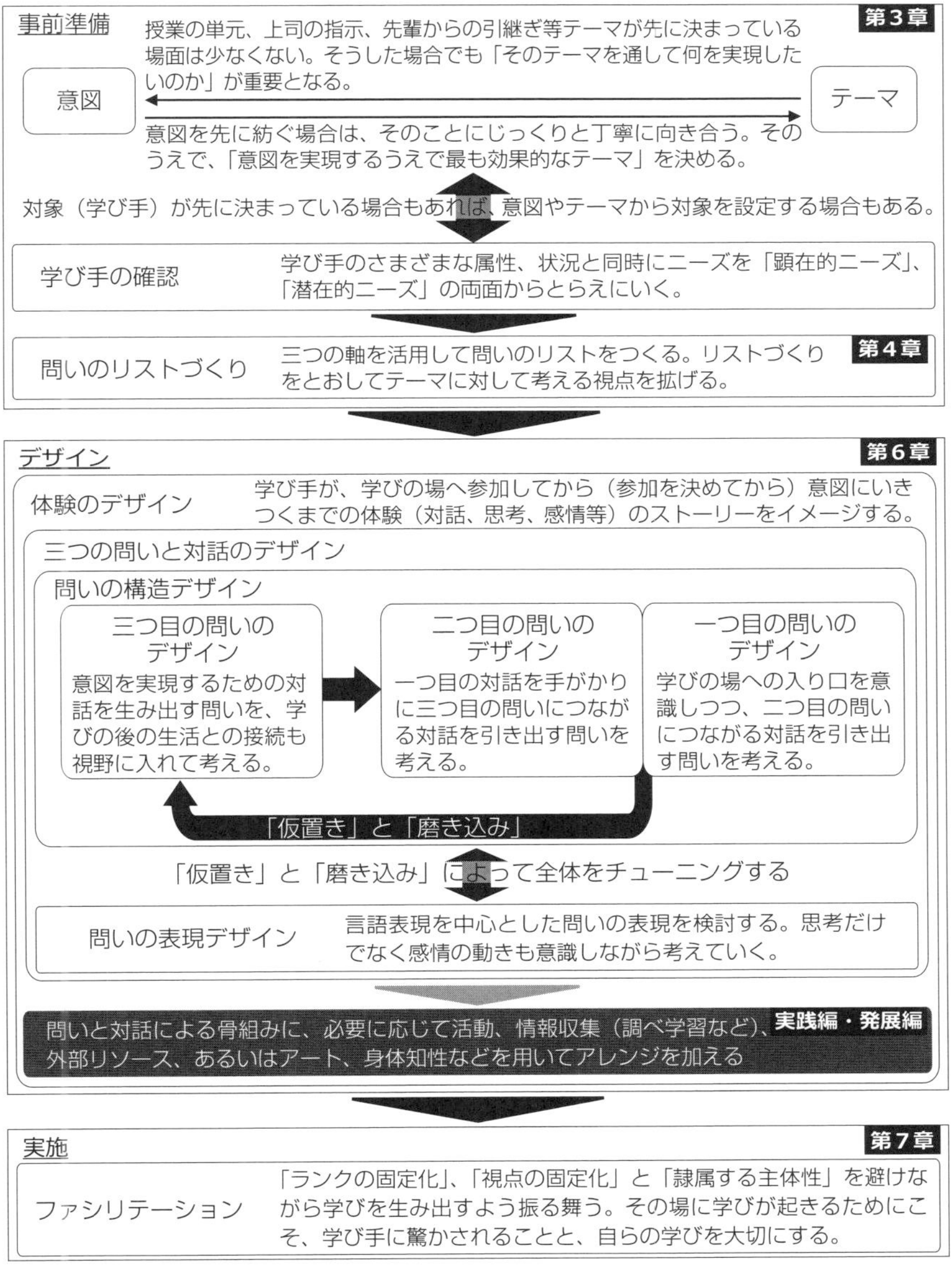
事前準備
第3章
授業の単元、上司の指示、先輩からの引継ぎ等テーマが先に決まっている場面は少なくない。そうした場合でも「そのテーマを通して何を実現したいのか」が重要となる。
意図
テーマ
意図を先に紡ぐ場合は、そのことにじっくりと丁寧に向き合う。そのうえで、「意図を実現するうえで最も効果的なテーマ」を決める。
対象（学び手）が先に決まっている場合もあれば、意図やテーマから対象を設定する場合もある。
学び手の確認
学び手のさまざまな属性、状況と同時にニーズを「顕在的ニーズ」、「潜在的ニーズ」の両面からとらえにいく。
問いのリストづくり
第4章
三つの軸を活用して問いのリストをつくる。リストづくりをとおしてテーマに対して考える視点を拡げる。
デザイン
第6章
体験のデザイン
学び手が、学びの場へ参加してから（参加を決めてから）意図にいきつくまでの体験（対話、思考、感情等）のストーリーをイメージする。
三つの問いと対話のデザイン
問いの構造デザイン
三つ目の問いのデザイン
意図を実現するための対話を生み出す問いを、学びの後の生活との接続も視野に入れて考える。
二つ目の問いのデザイン
一つ目の対話を手がかりに三つ目の問いにつながる対話を引き出す問いを考える。
一つ目の問いのデザイン
学びの場への入り口を意識しつつ、二つ目の問いにつながる対話を引き出す問いを考える。
「仮置き」と「磨き込み」
「仮置き」と「磨き込み」によって全体をチューニングする
問いの表現デザイン
言語表現を中心とした問いの表現を検討する。思考だけでなく感情の動きも意識しながら考えていく。
実践編・発展編
問いと対話による骨組みに、必要に応じて活動、情報収集（調べ学習など）、外部リソース、あるいはアート、身体知性などを用いてアレンジを加える
実施
第7章
ファシリテーション
「ランクの固定化」、「視点の固定化」と「隷属する主体性」を避けながら学びを生み出すよう振る舞う。その場に学びが起きるためにこそ、学び手に驚かされることと、自らの学びを大切にする。

図表 20　問いと意図と体験の関係

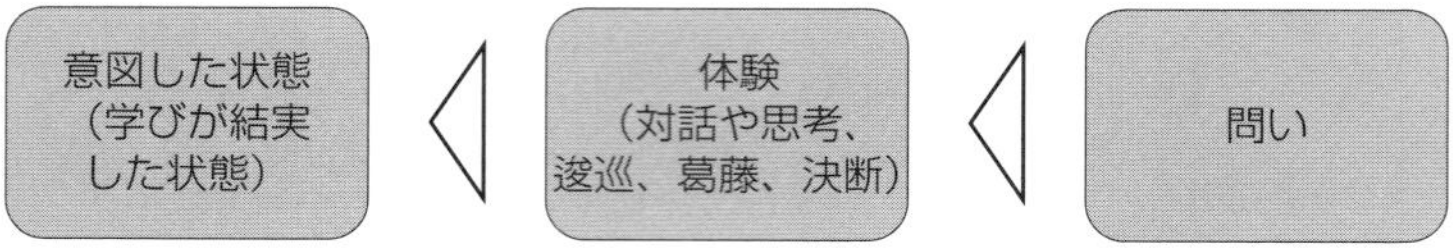

「問い」によって学び手に何らかの「体験」を届け、その「体験」によって「意図」を実現する

体験のデザイン

設計者が向き合うべき問い

学びの場とは「意図」を実現するための手段である。したがって、「どうすれば意図を実現できるのか?」が、学びの場をデザインする我々が向き合うべき問いとなる。設計者の願いである意図と、学びを生み出そうと提示する問いとの間にあるのは「学び手の体験」である（図表20）。この体験の中心には対話があるわけだが、学び手個人の思考、気づき、発見、集団の対話以外の討論や協議、それらを通した葛藤や逡巡、あるいは決断、覚悟といった体験も、意図によっては求められるだろう。学びのテーマへの関心の高まりや、三層のニーズ間の転移も必要かもしれない。そうした体験を問いと対話のデザインによって引き起こしていくのが、筆者がいう学びの場のデザインである。つまり「どうすれば意図を実現できるのか?」という問いは一段ブレイクダウンすると「学び手がどのような体験をすることで意図は実現できるのか?」という問いとなる。

ここで、本書を読み進めながら考え、手元に用意した意図、意図が具現化された具体的な出来事のリストをながめながら、この問いに向き合ってみてほしい。「学び手にそういった出来事が起こるためにはどのような体験が必要か」、「どんなことを体験すると学び手にそういった行為や変化が起こるのか」。「○○について真剣に考える」、「○○について××のような発見がある」、そんな断片的な体験で構わないので、素材を書き出していってみてほしい。

同時に意識しなければいけないのは「学び手の現状」である。意図と現状は、言ってみればゴールとスタートの関係にあるわけだが、意図からのみバックキャスティングで体験を紡いでいると地に足のつかない体験の羅列になりかねない。現実からどのようなプロセスで、意図にたどり着くのかが重要だ。想定している学び手の現状やニーズを確認したうえで、場に集まった際の状況、モチベーションやコンディションをイメージし、そんな彼らが自分の願いのストーリーにのってくれるまでの体験のプロセスに思いをはせていく必要がある。

対話・思考・感情のストーリー

問いというのは、問われた側にさまざまな形で作用する。その問いの機能を踏まえながら、まずは体験のリストをイメージし、それらを一つのストーリーとして設計していくのが次のプロセスだ。筆者は、**図表21**のような表を用いて学び手が学びの場に参加してから、あるいは参加を決める段階からの体験のプロセス、起きる変容を思い描いていくことから、学び手に届けたい体験のストーリーをイメージしていく。

検討する順番は、現状・意図を書いたうえで、後ろから検討していく。後ろというのは問いでいえば一つ目、二つ目ではなく三つ目の問いに向き合ったり、対話しているときの状態のことだ。第3章で確認したとおり、参加者のニーズや様相も多様であるため、実際にはこの行は複数行となり複雑化していくが、まずは、ボリュームゾーンだと考える学び手をイメージするところから始めるとよいだろう。重要なことは、対話の内容や行動という目に見えることだけではなく、思考（気づきや発見）、そして感情（戸惑い、逡

図表 21　学び手の体験のストーリー

	現状	参加前	前半	中盤	後半	振り返り	意図
対話							
思考							
感情							

巡、葛藤、納得）もイメージしていくことである。対話は、思考や感情の動きに影響を受けるし、逆に対話の内容によって思考や感情が触発されもする。

ここでさらに重要なことが二つある。一つはこの表は**あくまで学び手の体験のストーリーの〝イメージを膨らませるための手段〟**であるということ、関連して参加前～振り返りの時間軸を精緻に意識するのではなく、流れ（ストーリー）を**〝ざっくりイメージする〟のにとどめる**ことだ。これらは、第3章の「どんな学びを届けたいか─意図を紡ぐ」の節で紹介した、「意図はその実現を願いはするものの、実現するよう働きかけすぎては学びの場が土台から崩壊する」という考えと関連している。意図を実現するまでのストーリーをあまりにも具体的にイメージすることは、学び手への意図せぬ誘導や強制の可能性をはらんでいる。「このような流れで意図に向かうのではないだろうか」という想像は「このような流れで進んでいかねばならぬ」という規範の温床になり、主体化を意図した学びから距離を生むことになる。ただ、どのような流れで学びがすすんでいくか、思考や対話がどんなプロセスをたどるのか、たどってほしいのか、というイメージをふくらませることなしには、それらを引き出そうとする問いを生成することは難しい。したがって時間軸を細かく設定して具体的に積み上げたくなる気持ちを抑え、「こんな感じで変遷するのではないか？」というおおまかなイメージを大切に、ざっくりと取り組むのが重要となる。

仮置きと磨き込み

体験のストーリーがイメージできたら、その体験をどのように問いによって引き起こしていくのか考えていく。問いのデザインは、「構造デザイン」と「表現デザイン」の段階に分かれており、デザインのプロセス全体は「仮置きと磨き込み」の連続によって進めていく（図表22）。

「構造デザイン」とは端的に言えば、何を問うかという〝問いの対象〟の検討であり、「表現デザイン」とはどのように問うかという主に言語表現を中心とした〝問いの表現〟に関する検討である。一つずつの問いを〝仮置き〟しながら、全体のバランスを見る、そして三つの問いの対象がある程度定まってきたら、どう問うかを検討する。ある程度全体像が描けたら、全体の〝磨き込み〟へと移る。表現の磨き込みを通して、問いの構造を再検討する必要性に気づくことも多いが、そうしたプロセスこそが重

図表 22　問いのデザインのプロセス

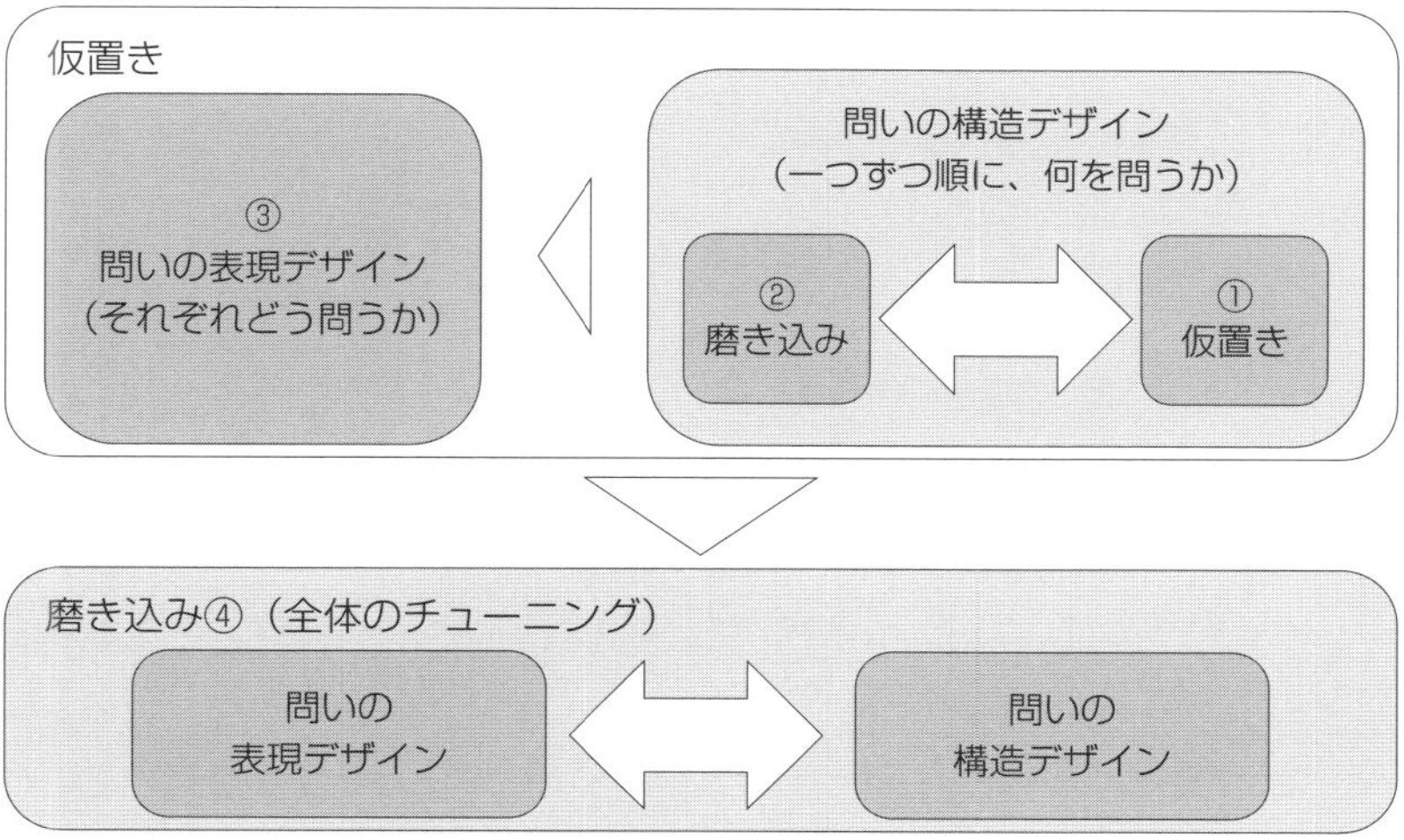

まず三つ目の問いを「仮置き」し、二つ目、一つ目の問いを「仮置き」し、それぞれの「磨き込み」を行う。ある程度かたまったらそれぞれの「問いの表現」を検討する。

要だ。

最初から問いの確定を目指すと大きな落とし穴がある。それは決めた問いにとらわれてしまうことだ。検討のなかで、思いついた良い問い（好きな問い）が、全体のバランスや学びの場の物語性を邪魔することは、実は少なくない。[1] そして、問いの完成を急ぐと、意図の実現に直結するあまりにも直接的な問いで、学び手を誘導してしまうこともある。例えば、「社会課題について考え続けられる人になってほしい」という意図から問いを考えた時に、「社会課題について考え続けるために必要なことは何か？」と問うては、「社会課題について考え続けることは重要である」ということが前提におかれ、学び手に「考え続けるかどうか」という自由が与えられず、もっともらしい答えは場にだされるかもしれないが、本質的な変容は起こりづらい。問いを拙速に確定することを目指さずに、全体をとおした体験の流れ（ストーリー）に気を配りながら、仮置きと磨き込みを繰り返して検討を進めていくことが大切だ。ときには意図自体を再検討しなければならないことも出てくるだろう。根気のいる作業にもなる。しかし、このプロセスこそが重要なのだ。「そこに集まる人に学びが起きるということ」、それ以上に学びの場のデザインにおいて大切なことはない。そのために常に重要なことは、学び手の心地よい体験をデザインすることである。提供者が気に入った問いを投げかけることや、意図を精緻に場に表現することに執着していては、それは難しい。学び手が問いに出会い、思考および対話に誘われ、気づきや発見に出会う、あるいは葛藤や逡巡、決断に出会い、またそれらがさらなる思考や対話を触発していく。そんな「体験のデザイン」を行っていくために仮置きと磨き込みを往還し、全体の流れを意識してチューニングしながら、完成を目指すのだ。

三つ目の問いと対話のデザイン

ここから具体的な、問いの検討に入っていく。手元にそろえた問いのリストからどれが当てはまるか、あるいはどれを発展させることで使える問いになるか考えつつ、さまざまな視点から新たな問いを考えることを楽しみながら進めてみてほしい。

構造デザインは、三つ目の問いを考えることからはじまる。意図につながる体験を直接的に担うのは三つ目の対話であり、それを引き出すのが三つ目の問いの役割である。一つ目、二つ目の問いは三つ目の問いに相対する準備となる対話を生むことが役割となる。したがって、三つ目の問いが決まらない限り、一つ目、二つ目の問いは考えようがない。ここからは、三つ目の問いと対話、一つ目、二つ目の問いと対話に分けて話を進めていく。

日常に橋を架ける

あまりにも当然のことだが忘れがちなことがある。それは、設計された学びの場にいる時間よりもそれ以外の時間の方が圧倒的に長いということだ。それは、一日を通しても、人生を通してもそうだ。1980年代に禁煙の研究から生まれた「行動変容ステージモデル」という考え方がある。無関心期からはじまり、関心期（関心はあるが実行する意思はない）、準備期（行動を実行したいと思っている時期）、実行期（行動変容はみられるが持続には至ってない）を経て維持期（行動変容が持続している）に至る。期間をもとにステージが区切られているのは、人の変容は長期的なスパンで実現され、またそのためには定期的なアプローチが必要だからである。一つの学びの場、一つの問いによって、恒常的な行動変容を起こすことは簡単なことではない。しかもそれがその人にとって重要な事柄に関することであれば、そう易々とは実現できないことは受け入れておくべき事実だ。もちろん、可能な限り効果的な学びの場を目指すが、学びは魔法ではない。時間や集中力など、注がれるリソースと間尺があわなければ意図の実現は難しい。だからこそ、学びの場で何が起こるのか、ということ以上に、そのあとの日々に何が残るのか、学びの場の後の人生にどう影響するのかを含み込んで検討することが重要である。第2章で示したとおり、本書で扱っている学び、すなわち垂直的成長につながる学びにおいてはこの学びの場という非日常から日常に向けて橋を架けることが特に重要になる。そして、三つ目の問いと対話の検討では特に意識すべきことになる。加えて、「行動変容ステージモデル」を踏まえれば、ある程度の期間にわたって定期的に学びの場を設定することで意図の実現に向かう、ということも考えるとよいだろう。

問いの深さ

一方で問いのデザインによっても工夫できることはある。学びの場の後の変容の度合いは「問いの深さ」に依存する。ここでちょっと考えてみてほしいことがある。

①「子どもに世界平和の大切さを理解させるためにあなたはどんな説明をしますか?」
②「子どもに世界平和の大切さを理解させるためにあなたはどんな問いを投げかけますか?」
③「子どもに世界平和を大切にしながら生きてもらうためにあなたはどんな問いを投げかけますか?」

これは、実際に学びの場をデザインする役割の方々向けのワークショップで筆者が投げかけている問いである。例えば学校の先生が受講者の場合、一つ目の「説明」には、先生たちらしさが表れた教科性を帯びた説明が並ぶ。社会科の先生は歴史や、平和が脅かされる実害、平和であることの素晴らしさを元に、戦争の悲惨さを語り、世界平和がいかに大切かを説明する。英語の先生は、国を超えてつながりあえることの素晴らしさを言語や文化の側面から説明し、平和の大切さを説く。

大切なのは二つ目と三つ目であり、その違いである。実際にそれぞれ考えてみたうえで、自分が考えてみたプロセスを振り返り、どんな違いがあったか言語化してみてほしい。

問いは説明と違って、相手に思考を生み出すが、二つ目と三つ目は生み出そうとする思考の対象が異なると感じたのではないだろうか？　例えば、二つ目の問いには「世界平和を実現させるとどんないいことがある？」といった問いのアイディアが過去のワークショップで出てきた。問われた側が、「世界平和が実現されている状態」を想像し、その価値を自分で言語化する問いだ。世界平和とは何かを理解し、その大切さを自分で考える、そのプロセスは、説明されるよりは高い当事者性を、問われた側に引き出す。

では三つ目はどうか。「大切な人がいきなり戦争でいなくなったらどう思う？」といったアイディアが過去受講者からでてきた。自分で考える、ということは変わらないが、「自分事感」が大きく異なる。また二つ目の問いのアイディアは「いいこと」という客観的な価値基準をもとに語ることが可能だが、「あなたはどう思う？」という問いは、問われた側の主観を扱う問いとなっている。加えて「大切な人」というフレーズは、その人の気持ち、幸せやつながりといった直感的な感情に意識を向けさせる、あるいは情景が浮かんだり想像力を掻き立てるフレーズだ。つまり思考だけでなく、感情および感覚を揺さぶる問いとなっている。問いづくりの三つの軸でいえば、ともに「未来」だが、前者は「客観」かつ「一般論」、後者は「主観」かつ「具対論」の問いとなっている。さらに、「より具体的な事象」にアプローチすれば、もっと大きなゆらぎにつなげられるだろう。筆者は、学びという現象は感情が動いたときに発生する、と考えているが[2]、より深い変容のためには感情が揺さぶられる体験がカギを握っている。そしてその体験を印象深いものにできれば、内的な変容につながりうる。あるいは変容に至らなくても葛藤やゆらぎが強ければ、学びの場が終わった後にも残る体験となる。

図表23のように学び手に至ってほしいレイヤーによって、必要なアプローチはかわる。そしてより大きな変容を願う場合に意識すべきなのは「問いの深さ」である。ここでいう問いの深さとは、問いによって考えなければいけないことの量や質にとどまらず、発生しうる感情のゆらぎの大きさと関連するという点が非常に重要なポイントである。「知らせる」、「理解させる」といったレイヤーは説明することでも実現が可能だ。一方で、「納得させる」、「短期的な行動変容（やってみる）を起こす」ということは、納得させたい内容、あるいはやってみてほしい内容が学び手側に一度取り込まれて、咀嚼され、本人の意思を芽生えさせる必要がある。これには、受け手に思考を駆動させるための問いが必要になる。そして「意識変容を起こす」、「恒常的な行動変容を起こす」というレイヤーにまでアプローチしたい場合は、その内容に対する深い共感や納得、検討を経たうえでの得心、あるいは逡巡し続けるほどの葛藤という体験が必要になってくる。世界平和の例で見たとおり、強烈な自分事感を引き出す問い、直感的な感覚にアプローチする問い、情景が浮かぶような問いは、

図表23　至らせたいレイヤーによるアプローチの違い

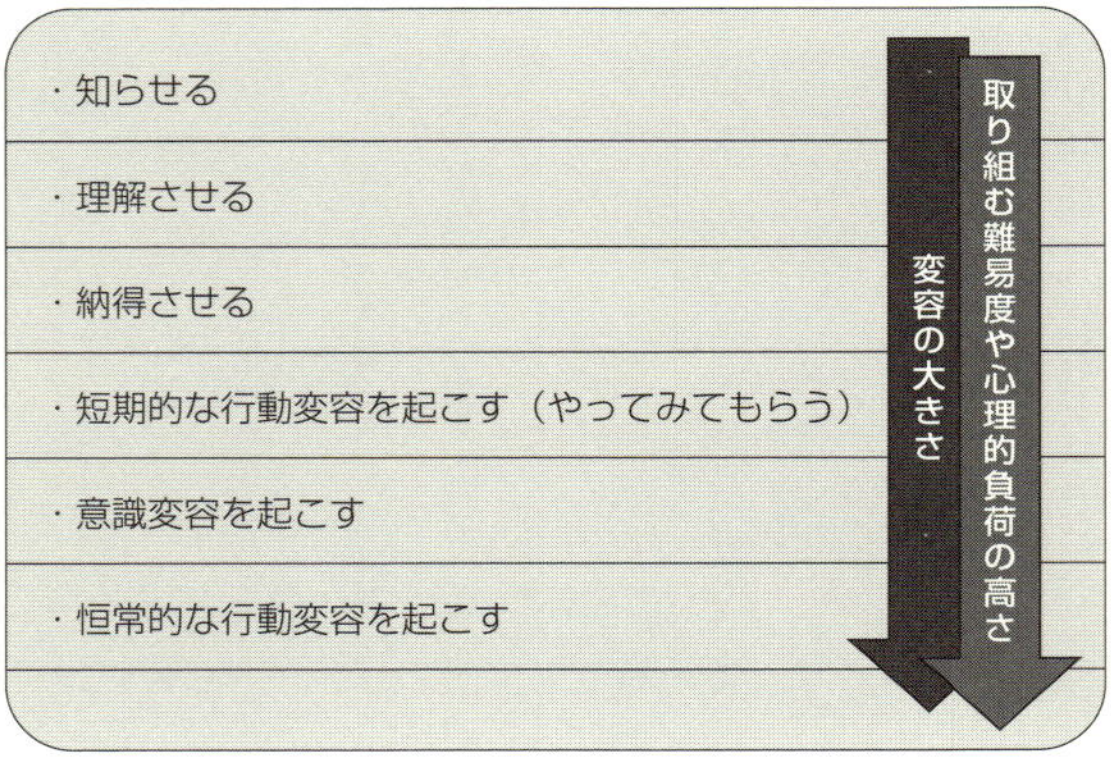

感情のゆらぎを起こし、より大きな変容に向かうための重要な手がかりとなる。

三つ目の問いと対話は、設計者が学びの場あるいはその後の日常において意図する学び手の変容のレイヤーに伴って検討する。深ければ深いだけ、感情を大きく揺さぶる問いをデザインする必要がある。得てしてそれは、主観を扱う問いであり、いまや未来に意識を向ける問いになることが多い。加えて「Whyの問い」「暗黙の前提に光を当てる問い」を上手く合わせて扱うことも求められる。

三つ目の問いに向かう準備

問いは、深ければ深いほど取り組む負荷や心理的ハードルは上がる。取り組む難しさと得られる果実は概ねトレードオフだ。その準備を担うのが当然一つ目、二つ目の問いとそれによって発生する対話である。

一つ目の問いと二つ目の問いの機能は異なるが、三つ目の問いに向き合うための準備の問いという観点からは共通のキーワードがある。それは「認知的レディネス」と「動機づけ的レディネス」である。この場面でいう認知的レディネスとは、問いが要求することを学び手が〝できる〟準備、状況のことであり、動機づけ的レディネスとは、問いへの取り組みを価値づけている程度であり、学び手がその問いに〝向き合いたい〟準備、状況である。シンプルに言えば、三つ目の問いに向き合った際に、考える・話せる状態が、認知的レディネスが高まっている状態であり、考えたい・話したいという状態が動機づけ的レディネスが高まっている状態である。

認知的レディネスと集合知

認知的レディネスの高まりは、学校の定期試験を思い浮かべるとイメージしやすい。教科にもよるが大抵の場合、最後の方に難易度の高い問題が出される。文系科目であれば記述式、数学などであれば文章題のような問題だ。そこに至るまでに、計算問題や方程式の理解、基礎知識を確認するような問題が並ぶ。基礎的な問題を段階的に出していくことは、知識の確認とともに、最後の問題のための準備でもある。回答者として、その単元に用いられた考え方や知識を、問題を解きながら反芻、確認、活用、洗練させて、最後の大問に向かうことができる。問いも同じ構造の設計が必要となる（**図表24**）。

三つ目の問いは、意図する変容のレイヤーが深ければ深いほど、考えるべきこと、対話すべきことは多く複雑になる可能性が高く、突然向き合っても自分の考えが整理できていなかったり、話せる状

図表 24　認知的レディネスを高める

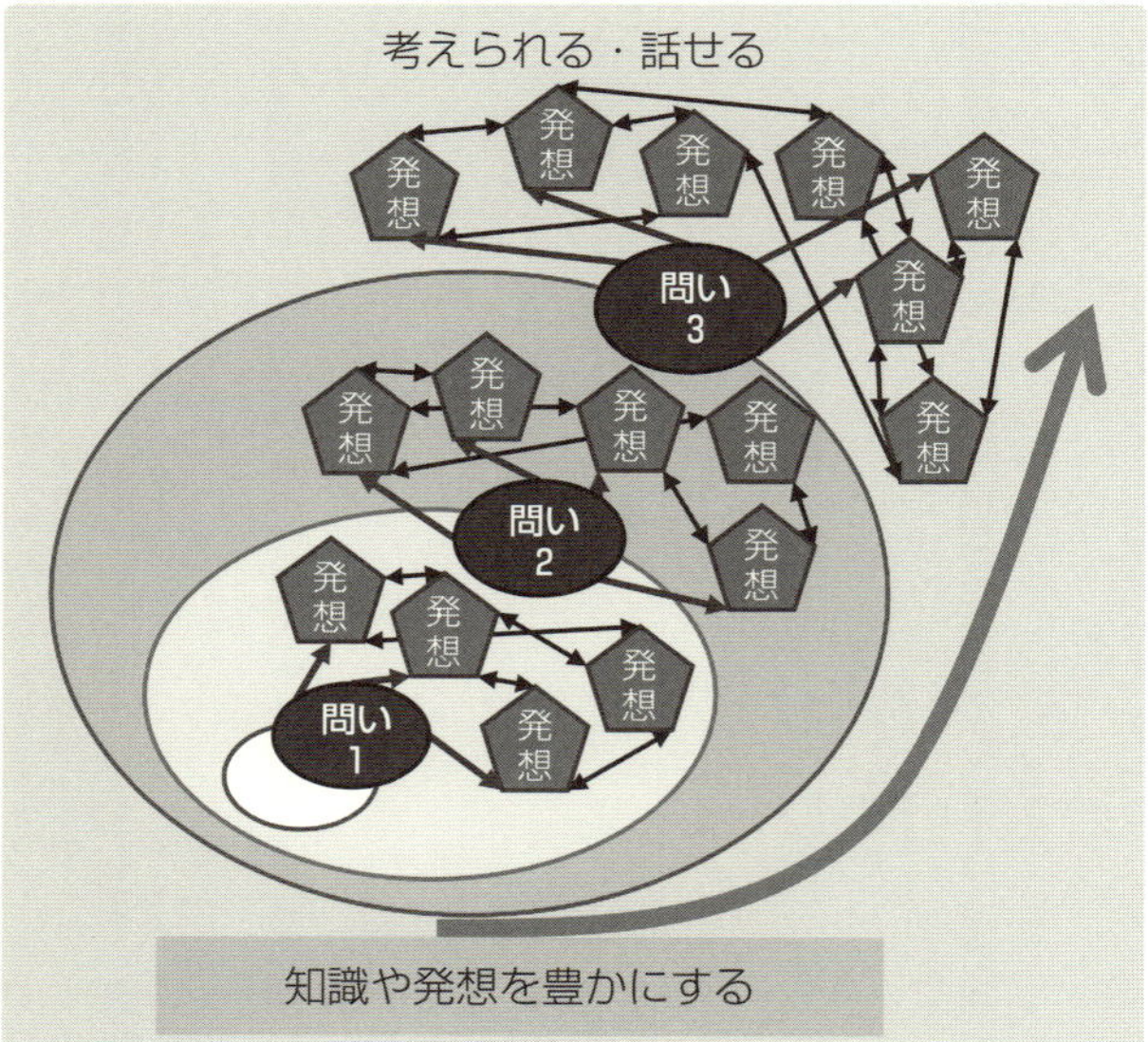

学び手、集団が持っている知識など、考えられる・話せる範囲に問いを投げ、問いによって発生しうる対話の範囲の中で最も意図に向かいたいところに新たな問いを投げ込む。

態になかったりする。その前に何か調べて情報を揃えたり、ロールプレイやディベート、企画検討などの活動を通して、自分の中に体験を蓄積しておくことも、三つ目の問いによっては必要となる。

加えて、個人としての認知的レディネスを高めると同時に、集団としての認知的レディネスを高めることも重要となる。たとえテーマへの知見が豊富でも一人の知識、考えだけではどうしても一面的になるが、集合知を場に出しておくことで、話せること、考えられること、その幅や深さは大きく変わってくる。つまり三つ目の問いに向き合ったときに自分の考えや思い、アイディアを生成するために必要な考え、アイディア、知識、情報が場に出され交流されている状態をつくっておくために一つ目、二つ目の問いの対象を設定することが求められる。

動機づけ的レディネス

認知的レディネスを全体で高めることは、三つ目の問いに向き合った際の思考や対話をシミュレーションして要素分解すると同時に、集まる人々がもっているであろう情報、知識を確認、想像しその差分を埋める対話を引きだす問いを考えればよいので検討に当て所がある。難しいのは動機づけ的レディネスの方だ。

第3章の「どんな人に学びを届けるか—意図を紡ぐ」で、第2章の**図表4**でいうところの「右上の学び（主体化×社会構成主義的学習観）を求めてきた人に、その学びを提供する、という場面は実はそう多くない」と記した。三つ目の問いは、学びのテーマや設計者の意図の真ん中にある問いなので、学び手がはじめからそのことに対するモチベーションをもっていることは少ない。表層、中間層のニーズをもって学びの場にいる学び手を、どうすれば深層の学びへと動機づけできるのか。

教育心理学者である鹿毛雅治の『学習意欲の理論』[3]（金子書房、２０１３年）によれば、学習意欲とは、「学習に関連する目標思考的な行動を引き起こす活性化された心理状態であり、動機づけの個人内要因と個人外要因に規定されつつ、その場、その時に顕れる、学習へと向かう積極的な心理現象」（24頁）とされる。個人外要因として環境、個人内要因として、認知（その学習をすることへの意味づけ、価値づけなど）、感情（学ぶことに関する快楽原理）、欲求（学ぶことで得られる社会的欲求、潜在動機、自己実現の欲求など）を掲げており、こうした要因に刺激を与えながら、問いと対話によって動機づけ的レディネスを高めていくことが求められる（**図表25**）。

図表 25　動機づけ的レディネスを高める

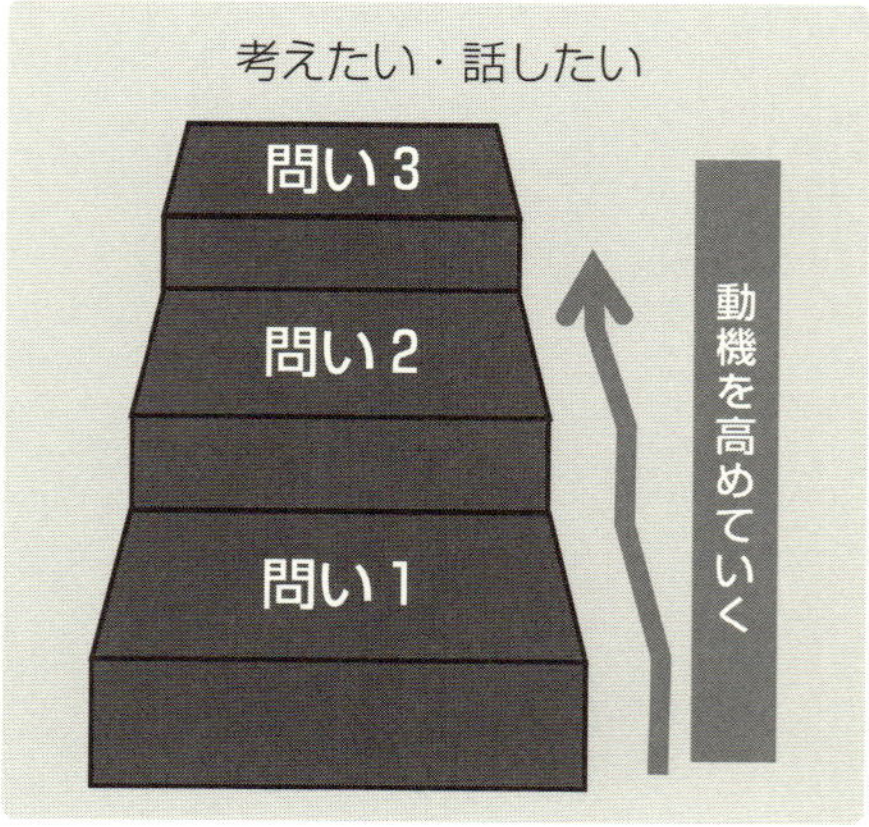

問いを投げ込むことによって、「考えたい」「話したい」という意欲を高め、その問いによる対話のなかで、さらなる動機づけを狙う。

昨今、「内発的動機づけ」と「外発的動機づけ」という言葉が広く知られ、自己決定の程度が高く、ゆえに主体的、自律的に学びに向かうことが期待できる「内発的動機づけ」の重要性が広く指摘されるようになった。有能化に向かっては学びによって得られる成果や状態がわかりやすく外発的動機づけがしやすいが、主体化はそうではないため内発的動機づけの重要性が特に高い。

加えて、動機づけ的レディネスを高めていくために「内発的動機づけ／外発的動機づけ」という考え方と合わせて認識しておくべき考え方がある。それは、「課題外生的要因と課題内生的要因」という分類と、

「動機の変容（機能的自律）」という考え方である。

『学習意欲の理論』は、動機づけを、取り組む課題、学習の内容を重視する「課題内生的要因」と、それらを軽視する「課題外生的要因」とに分類している。そしてさらに「課題内生的要因」を、学習内容に対する純粋な興味、関心（これを「内発的動機づけ」と呼ぶ）である課題没頭型学習意欲と、その内容を学ぶことの意義やその学びを実現することへのコミットメント（自律化された動機づけ）である目標達成型学習意欲に分類している。他方、「課題外生的要因」には、「賞罰への対応」（これが外発的動機づけ）、「自尊・承認の希求」、「他者との関わり」といったものがあるとしている。**図表26**に具体例とともに示したが自身が学びに向かおうとした過去の体験、あるいは自分が受け持ったなかでモチベーションの高かった生徒や研修受講者を思い出して、どんな類型の動機が、学び手の意欲を高めていたか、思いを巡らせてみると、理解が深まるだろう。

機能的自律とモチベーションデザイン

そして一つ目、二つ目の問いと対話を動機づけ的レディネスという視点から考えていくうえで最も大切な考え方が「機能的自律」

図表 26　動機の種類と具体例

	課題外生的要因 （内容軽視タイプ）			課題内省的要因 （内容重視タイプ）	
	賞罰への対応 〈外発的動機づけ〉	自尊・承認の希求 〈自己価値動機づけ〉	他者との関わり 〈対人的動機づけ〉	意義・コミットメント 〈自律化された動機づけ〉	興味・関心 〈内発的動機づけ〉
例）新商品開発の研修	真面目に研修に取り組まないと評価が下がる	花形の研修に参加できた・成果を出したい	選抜されたメンバーと協働できる	自社にとって新ビジネスの創出が急務	新商品開発自体が面白い
例）地域課題解決の探究学習	真面目に取り組まないと注意される	グループワークで目立ちたい	みんなでの話し合いが楽しい	自分が暮らす地域の課題を解決したい	地域課題を解決する企画を考えるのが面白い

という概念である。機能的自律とは、「最初はほかの目的の手段であり、非本質的であった要因が、本質的で自発的な推進力へと変化する動機づけ現象」（『学習意欲の理論』１６７頁）である。配属時にはさして関心もなくたまたま人事に任命されたので仕事のため（手段）と思ってはじめた研修の設計やデリバリーが、気づいたらそのことを考えること自体が楽しくなっている、といった状況がまさにそれだ。そういった状況を、構造的に生み出すために動機を変容させていく（動機づけする要因を転移させていく）工夫を筆者はモチベーションデザインと呼んでいるが、こうした考え方が学びの場のデザインには重要である。

社会化や有能化においては、目標達成型学習意欲が学びを駆動していてもよいが、主体化を願う場合は対象に対する純粋な興味関心（内発的動機づけ）に最終的には至っていることが望ましい。少なくとも、学びの本丸へとアプローチする三つ目の問いに向き合う際には、課題内生的要因によって動機づけされていることが大切だ。しかし第２章で示したとおり学びのスタートの段階からそうである必要は必ずしもない。余談だが、昨今の探究学習における問題の一部はこのことを踏まえると解消される可能性が高い。生徒の主体的取り組みは重要だが、徹頭徹尾それを要求するのではなく、受動的な体験（主体感覚の受動的体験）からはじめて、動機を変容させていくモチベーションデザインを意識的に埋め込むことが非常に重要である。

一つ目の問いにおいては、自分が知っている話を人にしたい、場になじみたい、あるいは競争に勝ちたいといった、テーマから遠い対象によって駆動されるモチベーションだとしても問いに取り組もうとすることがまず大切だ。例えば「興味拡張性」といった概念で紹介されるが、関心を持っている対象に関連する問いは学び手の好奇心を掻き立てる。まずは話が盛り上がること、それぞれにそう話量の偏りなく対話が展開されることを狙って、集まった学び手の関心が広く顕在化している対象から始めるのは有効だ。例えば、新商品開発をテーマにした研修や学びの場において、「最近使って最高／最悪と感じた商品とその理由は?」という問いをまず投げかけることで、テーマに緩やかに意識を向けつつ、学び手にとって話したい、話しやすい入り口を設定できる。ポイントは課題外生的要因（この例では、〝新商品を考える〟が課題で、〝何か身近な商品の批判をする〟は課題ではない）からはじめることをいとわない、ということだ。加えて重要なのは、そこでどんな内容が話されるか、問いに向き合ったときに学び手はどんなことを考えるだろうか、と想像力を働かせることである。そこで場に出されること、あるいは学び手の頭に浮かぶことが二つ目の問いを考える材料になる。

二つ目の問いはさらに工夫が必要だ。一つ目の問いで話してみてポジティブなリアクションを受けた話を発展させてもっと話したい、他者から聞いた話を次の場では話してみたい、対話の中で感じたこと、考えたことを言葉にしてみたい、など、一つ目の対話の体験が〝話す動機〟の手がかりとなるような二つ目の問いを設定することが求められる。一つ目の問いで、なんでだろう?これってどういうことだろう?と学び手側に沸き上がった問いをさらに深められるような問い、新たな視点が加わる問いが二つ目に出されることも、学び手の問いに向かうエネルギーを高める。

ニーズの階層を乗り越える動機の転移

また第3章で、学び手のニーズを三層でとらえておく必要性と、表層、中間層のニーズを顕在的に抱いて参加する学び手の存在の重要性を多様性の観点から述べたが、モチベーションデザインの観点からもそうした学び手への配慮が重要となる。学び手の状況や、どんなニーズからどんなニーズへの転移を意識するかによって「動機の変容（機能的自律）」を起こす方法はさまざまだが、意識しておくとよいことがある。

まず表層から中間層へは「**実用価値の拡張**」が、転移のカギを握る。学びのニーズが表層にある学び手は、得てして実感しやすいメリット、すなわち実用価値に意識が向いている場合が多いので、学びが進むなかで得た知識を活用したり価値を実感しながらその背景や枠組み自体を学ぶ価値に意識が向くように工夫することが有効となる。例えば知識や情報を得たとしても、その一つ一つでは活用場面が限られることが多い。その知識や情報の背景にある考え方や構造を示すことで、より広い場面で活用できる汎用的な考え方やフレームに関心は向きやすい。思考や対話によって学び手がそれらを獲得すれば、中間層のニーズへと関心が向く。

中間層から最深層へは「**関心の集中**」によって誘うことが考えられる。思考や対話の内容がフレームや考え方によって整理されると、それらの利便性を認識すると同時に、物事の本質に意識が向いていく。

例えば第3章で紹介したシナリオプランニングの例でいえば（70-71頁参照）、未来予測に関する知識を求め、そのことが得られた段階まできたときに、あまたの領域で加速度的な技術発展や予期できない未来予測が存在することにも気づく（表層）。そのなかで、「働き方」「テクノロジー」「環境」など領域を示しながら未来に関する知識を提供すること、さらに、「不確実性とインパクト」というフレームによってあまたある未来予測の兆しを整理する「視点」を提供することで、「それぞれの情報を得る」体験から「あるフレームで世界を捉えていく」体験へと、その場で得られる学びの価値を昇華できる。すなわち領域や「不確実性とインパクト」というフレームのなかで、一つ一つの未来予測を検討していくプロセスが、思考フレームで情報を整理していけるという成功体験となり、フレームや考え方を学び取る歓びとなる（中間層）。一方で、一つ一つの未来予測がフレームのどこにプロットされるのかという対話を通した認識のずれや衝突が「なぜ意見が異なるのか？」「自分の認識の前提は何か？」「それは本当に正しいのか？」という内省の契機となる。対話をへて、自身の意見が覆る体験に至れば、「自分は間違う」、「前提を妄信してはいけない」といった気づきが生まれ、そこから先の対話や活動に、前提を手放した構えで取り組める。そのなかで新たな発見や気づきがあり、それ以降の自分の業務や暮らしに向かっても重要な示唆を得られれば、その示唆のテコとなった「内省」の価値を高く置き、意識変容という学びへの動機は高まる（最深層）。

また問いの表現に関する部分で紹介するが、表やグラフを用いて問いを提示することで、意識を焦点化していくことも有効となる。そうしたなかで「使える考え方の獲得」というレベルの学びから、意識変容というレベルの学びに、モチベーションを向けていくこともできる。あるいは意識変容の学びにおいては、〝うっかり〟そこに至る、ということも有効だし、その方が実は多い。そのためには活動を通して何らかの成果物を作り上げたうえで、その体験を問いと対話によって振り返りながら自分に起きた変容に丁寧に意識を向けていくといった方法も非常に有効になる。

何らかの対象から異なる対象へと、動機づけの要因を転移させていく方法は無限に考えられる。筆者は「**モチベーションの接ぎ木**」と呼んでいるが、その転移のポイントを明確に意識して問いを考えていくことが重要だ。

問いと問いの組み合わせの工夫

特に動機づけ的レディネスは、一つ一つの問いと同時に、問いと問いの組み合わせにおける工夫によって高められることもある。

問い同士の距離

まずは「問い同士の距離感」を意識することだ。すでに一つ目の対話で話されていること、考えていることを問われても「もうそれはすでにやった」となってしまい、考えることがない、あるいは刺激のない時間になる。一方で、関連が見えなすぎると、「一つ目の問いで話した内容ってどこいったんだっけ？」となる。良い塩梅は、「今まさにそのことを考えたいと思っていた」となるような対象の設定である（図表27）。

例えば148-149頁の新商品の例（最高／最悪と感じた商品）で言えば「私は商品に対して何を良いとするのか、最悪とするのか」、あるいは「ほかの人はどう考えているのか」、「その違いや共通点はどこから来るのか」、といったことは、一つ目の問いによって場に出される可能性が高い話であり、やや近いが次の問いの候補になる。さらに、「新商品における〝価値とは何か？〟」という問いは新商品開発に向かううえで重要な問いでありながらも二つ目の問いとしても扱える距離の問いといえる。図表28でリーダーシップも例に示したので参考にしてほしい。

ちなみに、次の問いへの動機を引き出すためには、各問いに向き合う時間（グループワークの時間）も重要な変数だ。長すぎると飽きたり、問い以外の話がはじまり、次の問いが有効な問いでも、離れた話題、意識では戻ってきづらい。逆に短すぎては、「まだ話せてない」となって手がかりが減る。沈黙をおそれて短い時間で切り上げてしまう場面もよく見るが、思考や逡巡、葛藤の表れであれば沈黙は金であり、その見極めが大切だ。言葉にできないもどかしさや腑におちきらない感覚が生み出す思考は建設的相互作用の観点からも重要となる。「本当はもう少し話していたい」という程度で次の問いにうつれるのが理想的だ。

図表 27　問い同士の距離感

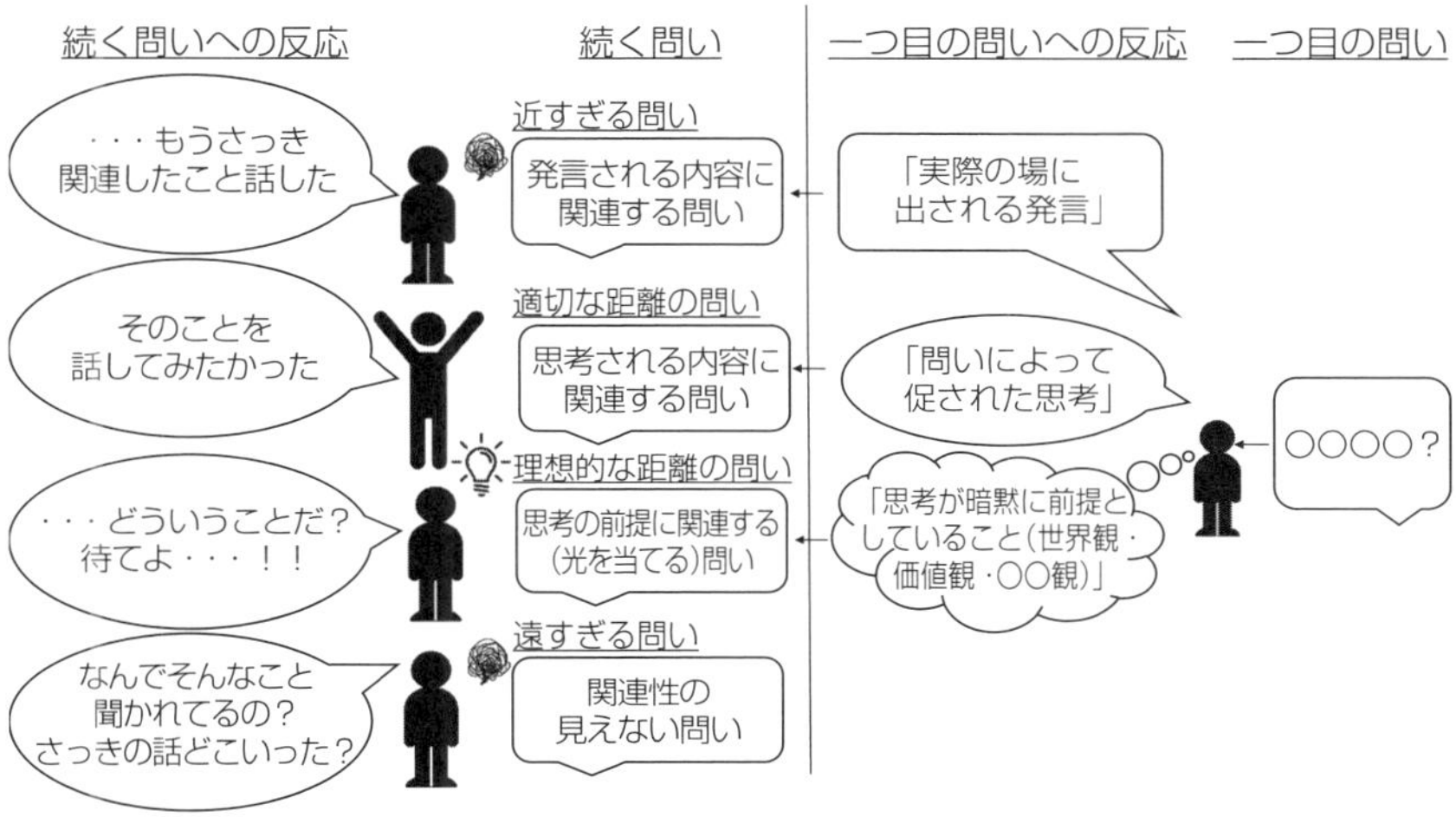

図表 28　問い同士の距離感（例：リーダーシップについて）

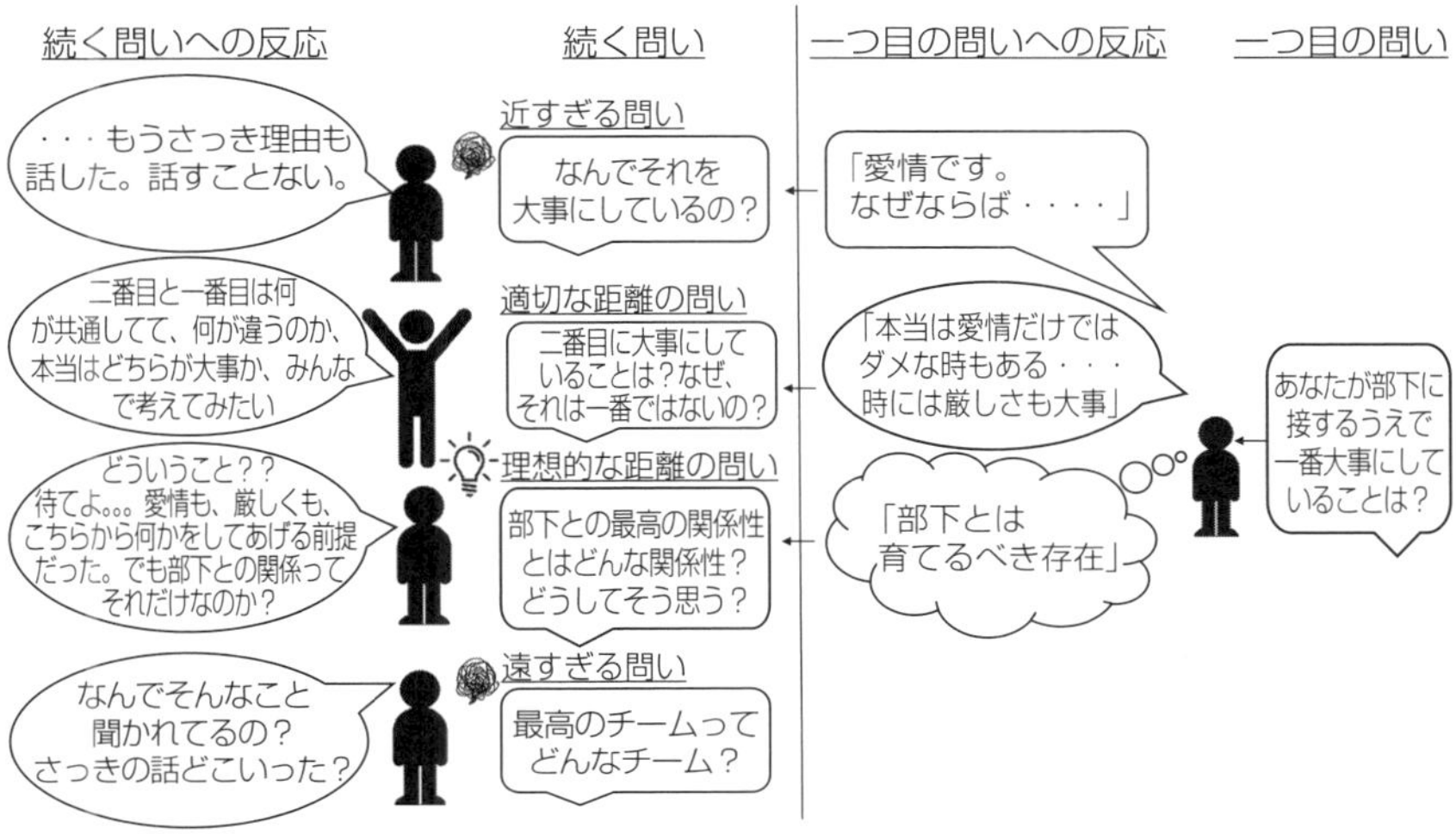

はしごを外す問い

さらに理想を言えば、「暗黙の前提に光を当てる問い」を有効に使って、一つ目に話していた内容やなんとなく納得していた方針が覆され、「おや？　これはもう一段踏み込んで考えないといけないな」、という体験を演出できるとよい。すなわち二つ目の問いで、一つ目の対話において暗黙に共有された正しさや方針がゆらぎ、視野が広がるような体験とできると素晴らしい。例えば、「最悪と思った商品が、それでも商品として売られている理由はなぜか？（あるいは実はベストセラーだとしたらどんな理由がある？）」と問われると、前提が覆る。同時に、価値とは人によって変わりうることや、主観と客観を扱う大切さに意識が向く。そしてさらに、マーケティングやターゲットの設定といったその先の商品開発のプロセスへ検討をつなげていく手がかりにもなりうる。

一つ目、二つ目と考えていくと論理的に積み上げるのが良い問いの組み方に思えるが、むしろ一つ目で扱った事柄に関してははしごを外したり、視点をずらすことの方が学びを深めるには有効な場合が多い。

例えば、研修設計者の集まる研修で「人に学びを起こすために大切だと思うことはどんなことですか？」と問う。積み上げ型で考えると二つ目の問いでは、「ではそれをどのように実現しますか？」と問いそうだが、「あなたが考える〝学び〟とは何でしょう。要素を三つあげるとしたら何ですか？」と問うとする。一つ目の問いは、過去の体験や出来事が手がかりとなる。「これまでこんなことをやってきた、その時に意識していたのは～」といった思考や、「こんなことが大切だと思います。具体的には～な研修をしてきました」といった発言が出るだろう。一つ目の問いの対象となっている「学びを起こすために〝大切だと思うこと〟」は、論理的には「学びとは○○である」という〝目的〟があって初めて意識できる〝手段〟に関わる問いだ。しかし明確に目的を意識して学びの場を常にデザインし続けてきた人はそう多くない。

成り行きや時間的制約、誰かの模倣、「とりあえずやってみた」など、さまざまな経緯で過去の実践は積み上げられ、「大切だと思うこと」はそのなかで意図せず生成されていることも多い。そうして暗黙の前提に置かれた「学びとは何か」に関する受講者の観念や常識、日常に埋め込まれた習慣に、二つ目の問いによって光が当たる。「あれ？ ○○（一つ目の問いで話した内容や共感した内容）を大事だと考えていたのはなんでだっけ？ そもそも学びを何としてとらえているからだっけ？」と、無意識の前提に意識が向き、思考が展開する。あるいは「そもそも自分が学びに関心があったのはなぜだったか？（意志）」「自分が過去学んだ！って思ったのはどんな場面だっけ？（きっかけ）」と、考えるための手がかりを探り始め、内省的な時間を演出できるかもしれない。すると、一つ目の問いで話した内容に対して、「なんとなくこうしてきた」、「日々の中ではこうせざるを得なかった」、「これがあるべきやり方だと思っていた」、あるいは「私にはこれしかできないと思っていた」といった無意識の思い込みや規範が「大切にすること」を制限していたことに気づくかもしれない。「いまやっている（できている、せざるを得ないと思っている）学び」と、「自身が本当に大切だと思う学び」の間の感覚的なズレが、好奇心を高め、そこに何があるのか、と考える動機になる。

ここでは一つ目の対話の存在こそが、二つ目の問いへの動機を引き出すきっかけになっているということも重要だ。一つ目の問い（「学びを起こすために大切なことは？」）は前述のとおり、過去の体験や事実を元に語れるという意味で答えるハードルが低い。一方で、一度自ら思考し、自ら語ったという事実が、そのなかにある信念や想いをより深堀りしてみたい、という動機の転移のきっかけになる。この順番、組み合わせが重要なのだ。

以上が一つ目、二つ目の問いとそれらの組み合わせの工夫を用いて、認知的レディネスと動機づけ的レディネスを高めるための考え方だ。続いてそれぞれの問いの特徴、意識すべき観点を示す。

一つ目の問いと対話

まずは一つ目の問いだ。一つ目の問いにおいては、「考えたい」、「話したい」という積極性というよりも、「話してもいい」という心理的な安全性を学び手が感じることで、動機づけ的レディネスを担保することが何より重要となる。すなわち一つ目の問いの対象は、できる限り参加するすべての人にとって対等かつ大きな準備なく語れる事柄とし、学び手の生活世界との連続性、真正性（教室での学習を日常生活や実社会、すなわち〝本物〟に近づけて取り組もうとすること）を意識した問いとされることが重要になる。

広く入り口をつくる

ここまでも学び手の関係性に関して触れてきたが、特に一つ目の問いにおいて最も意識する必要があるのが学び手同士は、いまどんな関係性にあるのか、ということだ。グループワークには、各人のいわゆるコミュニケーション力と呼ばれる資質や、オープンさ、積極性が大きく影響する。学校の授業の話になるが、そうした事情から対話やグループワークによる学びが格差の再生産につながりうるという指摘が教育社会学の分野でなされてきた。イギリスの教育社会学者バジル・バーンスティンは、教育（教える営み）には「見えるペダゴジー」と「見えないペダゴジー」があるとしたが、「見えないペダゴジー」ほど学力格差、階層格差の拡大、再生産につながる、と指摘されている。端的にいうと「見えるペダゴジー」は、学ぶ内容や進度が厳格に決められており、教える側の意図や、何が・どんな基準で評価されるかが見えやすい教授の在り方であり、いわゆる伝統的な教科教育の姿をイメージするとわかりやすい。逆に「見えないペダゴジー」は教える側の意図や何が評価されているかが見えづらい、子ども中心、学び手中心主義の教授法とされる。探究学習は、「見えないペダゴジー」に分類できる。学力や出身階層（家庭の経済的格差）と、グループワークに取り組む学びに対する積極性や学び方への親和性、好みが相関するといった研究は日本でも少なくない。また2000年代、特に後半以降、学校のクラス内で発生するヒエラルキーが「スクールカースト」と称され注目されたが、カーストの高低とコミュニケーション能力が相関していることで、「見えないペダゴジー」が一部の生徒の学校におけるいづらさや関係性を悪化させ、学びへのアクセシビリティを下げるのではないか、という懸念もある。こうした観点からも一つ目の問いは広く扱いやすい問いとする必要がある。

学び手の生活世界に引き付けた問い

一方で、近年の全国学力・学習状況調査（令和3年）のデータを用いて、対話・探究学習が学力や非認知スキルと呼ばれるような資質に対して社会経済的な状況以上に効果があるといった研究[4]も出てきており、日進月歩に進む探究学習の発展の可能性もうかがえる[5]。その分水嶺となるのが一つ目の問いだと筆者は考えている[6]。教育学者の藤井千春は、学力格差の拡大を防ぐための「見える学習活動（見えるペダゴジー）」の必要性を認めつつ、学習内容、進度が定められたカリキュラム、教科書・教師主導の授業、明確な基準に基づく評価などによる〝可視性〟ではなく、課題の具体性、学び手の生活世界との連続という観点からの〝可視性〟の重要性を指摘する。すなわち「子どもたちが生活している具体的な状況の中で発生している、子どもたちが実際に関与している問題について、子どもたちがいわば自分ごととして「問い、考える」ことができ、子どもたちが解決のために「判断し、行動する」ことができる、真正（オーセンティック）な学習活動⑺へと、「見えるペダゴジー」の意味を転換する必要があると主張するのだ。年齢が低かったり、論理的思考に馴染みがない場合はできる限り具体的、自分事化しやすい入り口をつくることに意識を向ける必要性が特に高いと考える。

そしてこの議論は「知識が先か、探究が先か」という議論ともつながっている。「知識がなければ探究ができない」という主張が、知識先論者の主張の背景だが、生きている限り知識が蓄えられていないなんてことはあり得ない、と筆者は考える。教科や学校での学びで培われる類の知識を元にした探究の入り口しか設定できなければ探究からはじめても間口は狭まるが、学び手が日々のなかで見聞きしていることやそれまでに培っている知識、まさに生活世界との連続にある知識（学び手はそれを知識とは認識していないような生活知や情報、考え）を用いた探究学習の入り口をデザインすることで、多くの学び手に門戸を開くことが可能だ。例えば社会課題を扱うにしても、「身の回りの困っている人」からはじめることで、学び手の生活世界にテーマを引き付けることができる。また、生活世界に引き付けた問いは、学び手に取り組む必然性を芽生えさせ、学びへの意欲や主体的な構えも整えうる。

これは、大人向けの研修においても重要な観点である。有志、特に改めて研修のためにお金を払って参加するような研修であれば気にしすぎる必要はないが、個人の意思に関わらず参加するような類の研修においては、参加者の意欲の違い、学びのテーマに対する理解、知識、取り組み実績の差は意識しておくべきである。有能化を目指す研修であれば、熟達者と非熟達者は教える、教えられる関係とすればよいかもしれないが、主体化を願えば、ランクの固定化がオープンでフラットな対話を阻み、学びにおいてデメリットとなるため入り口に工夫が求められる。「大人向けの研修なのだからそれは受講者側の責任」という考え方もあるだろうが、学びに向かう意欲は、学び手がどう意志を持っても高まらないこともある。特に、「学んだ後どうなるかわかりづらい」ような事柄をテーマとする学びの場であれば、なおのことである。研修を設計する以上は、そこに集まるすべての人にそれぞれの人なりの学びが起きうるデザインとすべきだ。意欲を個人の責任として重視するのであれば事前研修や事前課題を設定し、参加段階のレベルの平準化に取り組むのがよい。

学び手同士の関係性を紡ぐ

加えて、次節で詳述するが、続く二つ目の問いでは学び手同士の「問い合い」が重要になるため、一つ目の対話をとおして学び手同士の関係性を少しずつ紡いでおく必要がある。互いの意見が異なるとき（差分があるとき）に問い合いは生まれるが、その「差分（あるいは他者の考え）」について、もっと知りたいと思えることはもちろん、差分が認識できる程度の共通理解が芽生えている必要がある。第5章の「少数派がもつ可能性」でもふれたが、異なる意見に出会った際に、自分と異なる主張をする理由を情報源の特殊性（発言者の特殊性や自身との明確すぎる差異）に見出してしまうと、意見の相違が正当化され主張内容が吟味されなくなる。「全く別の人の考えだから違っていて当然」と、何故違うのか、どうしてそう思うのか、といった発言内容に対する疑問は生まれづらい。互いが互いに「問いをもつ意志（対象に対する興味、関心）」を引き出すような関係性を作り上げておくことが重要なのだ。グループで取り組む学びの場において、企画を考えたり成果物をつくりあげていく場合に限らず、チームビルディング的な要素、互いを知るプロセスが必要となるのはこのためだ。ただ仲良くなって、何かを実現するためだけではない。互いに深い関心を持ち、互いを知りたいと思う、そのことが、自分と他者の間の差分への強い関心を引き出し、自己の学びに結果的につながるのだ。

したがって一つ目の対話ではテーマに近接していくと同時に、学び手の個性がゆるやかにでも展開されていくことが理想的である。入り口と思えば、一般論に関する問いで安全に始めたいとも思うがこの観点を踏まえると、学び手同士の関係性に十分配慮しつつ、具体的な話に関する問いにチャレンジする価値もあることがわかる。

二つ目の問いと対話

認知的レディネス、動機づけ的レディネス両方の観点から、二つ目の問いが最も工夫が必要となる。対話をとおして、それぞれの知が共有されるだけでなく、相互作用の中で学びや刺激が発生する必要があり、最も「建設的相互作用」を生み出すことを意識して問いを検討する必要がある。

学び手同士の問い合い

そのためには「学び手同士が「問い合う」体験」がカギを握る。

学校で行われる探究学習の話し合いでも、企業人研修で行われるグループワークでも、ファシリテーターが問いを発して「〇分までお話をしてください」というと、それぞれが自分の考えを一通り言ってシーンとなり、それ以上の発言が生まれなかったり、質問があっても他者の主張を正しく理解する質問（それはどういう意味ですか？　具体的にはどんなことですか？　など）、「What」のレベルの問い合いに終始する場面をよく見る。それは対話ではなく、「グループ内の個人発表」である。互いが互いの発言を受け取りあってコメントを返したり、「Why」のレベルの問いや、考えや思いの前提を探ったり（「暗黙の前提に光を当てる問い」）、それをゆるがしうるような問いを投げかけ合うような現象が二つ目以降の問いでは重要となる。その体験が考えや前提だけでなく感情のゆらぎにもつながり、学びへの没入も演出できる。すなわち三つ目の問いに向き合うための動機づけという観点からも重要になる。

ファシリテーターや先生からの問いに対して、自分とは異なる意見に出会うという体験にも、人の感情をゆさぶる効果はある。しかし「人は人、自分は自分」と、自分の外側にあるただの情報として受け取られる場合も多い。しかし対等な他者から向けられる問いは、自身に向き、内省の契機になるとともに、ゆらぎにもつながりやすい。だからこそ、ファシリテーターや先生から発せられた問いではなく、同じ学び手から発せられる問いには大きな意味がある。第7章で後述するとおり、ファシリテーションは、ファシリテーターである自分自身も含んで、場から権威を廃し、ランクの固定化を避けてフラットにしていくことが重要である。それでもなお、ファシリテーターが権威を帯びた存在から逃れることは難しく、学びの場における学び手同士のフラットさを超えたフラットな関係をつくることは実際にはやはり難しい。だからこそ、学び手同士の相互作用の重要性が高まる。対等な関係性から発せられる問いが主体的思考を作動させるインパクトの大きさは、筆者がここまで紹介してきている学びの場において何よりも大きなものとなる。

ではどのようにすればそういった「問い合いの対話」、特に「Why」のレベルの問い合いが生まれるのか。「なんでそう思ったのですか？」と、発言や考えの根拠や理由に意識を向け互いに質問しあってくださいね」といったファシリテーターからの提案だけでは、理由が話されて話し合いは終わってしまい、「理由の加わった個人発表」にしかならない可能性が高い。問いによる対話の中で新たな問いが生まれるのはどんなときか、ということがポイントになる。小坂井はすでに紹介した『矛盾と創造』のなかで「異なる分野の知見を一緒にした時、新たな問いが現れ、それにこたえる努力が既存世界観を覆す」(18頁)と言っている。小坂井の言う「異なる分野」とは学術領域や専門領域を想定しているが、各人の主張、主観的な考え、思いの違いからも同じことは言える。対話による学びのカギは学び手同士の考えや思いの「差分」にあったわけだが、その差分が場に出され、「なぜそうなのか?」、「なぜ自分の考えと同じではないのか?」という意識が向けられるような問いを用いることが有効だ。第5章でも確認したが、この点において効果を発揮するのが実は「活動」である。PBL(課題解決型学習)はプレゼン力や企画構築力など、さまざまなスキルが身につくという点が魅力ととらえられがちだが、活動のプロセスのなかに埋め込まれている「結論を出す必然性」が意見の違いを超えて合意を形成する必然性、そして互いの意見に対する「問い合い」の必然性につながっている点が重要なのだ。

他方、プロジェクトに取り組まなければ「問い合い」は生まれないかというとそんなことはない。発言に対し深く理解しあったり、互いに言葉を交わし考えを深めていくことは、問いによって引き起こしうる。例えば、一つ目の問いに対するアイディアや考えを付せんに書き出す形式とし、それらを模造紙に書いた何らかの軸(価値基準)で分類分けしたり、座標軸を設定して何かの価値基準によって評価しプロットしたりするような問いを二つ目にもってくることで、それぞれの考えやアイディアの〝違い〟を顕在化させ、「なぜそう考えたのか?」、「本当にその位置にプロットすべきか?」といった問い合いを誘発させることができる。

ifの問い——正解の蓋然《がいぜん》性の低い問い

また、当然だが、ある問いに対する考えやアイディアにそもそも個人差が大きければ、「なんで彼/彼女はそう考えたんだろう?」という疑問は起きやすい。互いの主張を理解し合うのが難しければ難しいだけ、その差分を理解し合おうとして問い合いは盛り上がる。したがって、意見や考えにバリエーションが生まれるような問いを考えることがまず重要だ。そのためには問いが帯びる「正解の蓋然《がいぜん》性(ありそうな可能性)」をどれだけ下げられるかが重要になる(正解があるかないかではなく、ありそうに思われるかどうかが重要だ)。正解がありそうな問いからはじまる対話では、学び手同士の発言に優劣が生まれ、そのランクがそもそも発言の機会を奪い、問い合いの対象が限定されるし、そんななかで言葉を発した誰かに対して問いを投げかけることは緊張感を生む。また「正解の蓋然性」の高い問いは、そのことに関連する知識や体験がないと、発言に対し問いが芽生えることが難しい場合が多く、問い合いの難易度を高めてしまう。つまり正解がありそうな問いに対する発言は、「本当にそうなのだろうか?」という検証にさらされることになり、同時にそこから始まる対話では、知識量や体験量に発話量が依存するようになっていく。

そうしたなかで注目すべきなのが、「想像力を触発するためのツール」という問いの側面である。具体的には「もし○○だったらどうだろうか?」という形態の問い(から「ifの問い」)が有効になる。「ifの問い」は空想や妄想を許容し多様な考えを場に出すことにむいている。正解不正解にとらわれづらく、自由な発想が可能な問いである。(8) 加えて「話し合いの中で、発展的に思考したり、空想したりしてくださいね」といったファシリテーターからの言葉がけによって、誰かの発言に対して「いまの考えがもし実現されたらどう感じますか?」、「もし○○な状況だったらいま話してくれたアイディアをどう思いますか?」といった問いが学び手のなかから投げかけられていくと、対話は広がり、考えや意見を発した側も思考が深まるだろう。

考える手がかり

一つ一つの問いをどうするか、対話においてどんな工夫をほどこすかという具体的な検討は、意図や学び手がどんな方々かという個別の場面を踏まえて設計者がデザインしていくものだが、問いの構造デザインの検討の最後に、第4章で示した「問いのリストを考える三つの軸」からできるだけ汎用性の高い手がかりを示しておきたい（図表29）。

学びの場が終わった後の日常との接続、学びの継続や長期的な変容を意図する場合、三つ目は未来志向かつ主観を扱う問いがよい。一般的なことよりも具体的なことの方が学び手同士の相互作用も起きやすく、問い合いも起きるはずだ。具体的なことからはじまって視野を広げていけるような問いとすることも有効だろう。入り口となる一つ目の問いでは現在のことか過去のこと、そして具体的なことを聞いたほうが生活世界との連続を維持できるはずだ。主観的なことか客観的なことかは、学び手同士の関係性によるが、ランクが強固だったり初対面であればあまり踏み込まない客観的なこと、関係性が豊かであれば主観的なことでもよいだろう。他方二つ目の問いでは対話による新たな刺激や視野の拡張が必要であり、客観、特に第三者目線での思考を問うのが有効だ。あまりにも個別具体的なことになると、仮説検証的な思考にはまる可能性もあるので、抽象的、一般的な思考が挟まると思考や対話の幅が広がり、問い合いの機会が演出できるはずだ。ここで「Why の問い」「暗黙の前提に光を当てる問い」を併せて使うことも有効だ。

図表29では問いのリストで示したテーマに合わせた具体例も併せて示した。97頁に示した問いを、そこ

図表 29　三つの軸で検討した問いのリストでつくる具体例

例	一つ目	具体×主観・客観×現在・過去	
	二つ目	一般×客観（第三者目線）×現在・過去	
	三つ目	具体×主観×未来・現在	
社会課題	意図	「社会課題」を自分とは関係ない“概念”としてではなく身近なものとして扱い、「関わっていくべきこと」と思い始める種を植えたい	解説及び追記
	一つ目	あなたがいま関心を持っている「身の回りの人の困り事」はどんなことですか？そこにはどんな問題がありますか？	身近な困り事は何か？お金と時間があったら取り組みたい社会課題は何か？という遠い距離の問いによって困り事と社会課題の間に何があるのか考える機会を設定する。誰かに「課題化」された社会課題ではなく、身近な出来事を社会課題としてとらえてみる体験から、「社会課題とはニュースや新聞で見る自分と関係ない問題」ではなく、身近な問題、無関係でかかわり方もわからないものではなく、かかわり方が存在しうることである、という認識を醸成する。一つ目の問いで考えた問題に対する調べ学習／調査をしたり、二つ目の問いに対して企画検討（思考実験）を盛り込むことでさらに学びを深めうる。
	二つ目	もしあなたがお金と時間を自由に使えるとしたら、どんな社会課題に取り組みますか？　何があなたをそう思わせるのですか？	
	三つ目	あなたが関心を持っている社会課題に対して、いまどんなことを思っていますか？	
チームビルディング	意図	「良いチームとは何か？」という自身の考えを自覚し、拡げたうえで、自組織に対する働きかけに新たな引き出しを増やしてほしい	解説及び追記
	一つ目	いま、あなたが所属しているチームのコンディションは 10 点満点中何点ですか？なぜその点数なのですか？	自組織に対するとらえの違いを言語化し合い、自らの自組織評価とともに自らの「よりよい組織像」に意識を向ける。そのうえで、方法論に意識を向け、その多様性にも触れながら、問題のとらえ方と取り組み方の多様性を認識するプロセスをたどる。「いいチームとはこう！」「そのためにはこうしなければならない！」という思考の枠を自覚し、拡げていく準備をする。「どんなチームが 10 点のチームか」という調べ学習／調査と発表を交えたり、二つ目の問いに対しては多様な立場の有識者を呼び話を聞くことも考えられる。
	二つ目	いま注目されているチームビルディングの方法は何ですか？何がその注目を集めているのでしょう？	
	三つ目	あなたが今後、自分が所属しているチームに対して何か働きかけるとしたらどんなことをしますか？	

から紹介してきた観点を踏まえて修正したりアレンジした問いが並んでいる。意図と間尺のあった期間、リソースが学びの場のデザインには不可欠であり、大きな変容や学びのためには活動を加えたり工夫が必要となる。それでも意図が重なれば、短めのワークショップや、長期の探究学習の大きな構造にこの例をアレンジして用いて、それぞれの問いに連なる小さな構造を埋め込む土台に活用できるだろう。

コラム4にも参考になる考え方を示したので、難しく考えすぎずまずはぜひ、考え始めてみてほしい。

問いの表現デザイン

ここまでの観点を踏まえて、問いの構造、つまり各問いにおいて「何を問うか」ということが仮置きできたら、言語表現を中心に問いの表現デザインを検討していく。

言葉の工夫

図表30の二つの問いに対して、どのように感じるだろうか？

同じように行為の原因、理由を「問いの対象」にしているが、問われたときの心の動きには大きな違いがあるのではないだろうか。過去筆者が実際に研修参加者に同じ問いを投げかけた際には右側（なんでそんなことしたの？）には「責められているニュアンスが含まれる」、「原因を聞いているようで実は聞いていないように感じる」といった発言があり、左側（何があなたをそうさせたの？）で問われると、「心配し寄り添われている感じがする」、「深い理由や背景に意識を向けられている感じがする」といった意見が返ってきた。みなさんはどうだろうか。「二つの問いでは印象が異なる」、ということは少なくとも共感いただけるのではないだろうか。ちなみに、問いの表現にどんな印象を受けるか、ということは、当然それまでに上記のような問いにどんな場面で出会ってきた

図表30　言葉による問いの表現

何があなたを そうさせの？	なんで そんなことしたの？

同じように行為、行動、決断の原因・理由を対象とする問いではあるが、表現によって問われたときの印象、問いによって発生する感情、思考は異なる。

か、ということに起因する。

余談だが多くの研修で上記の二つを見比べながらわかってきたことは、学校にしろ、会社にしろ、「なんで〜？」となんらかの理由を問われることが多いのは、何か問題を起こしたり、責められそうな場面が多いということだ。批判や非難、叱責の前に問われ、その対象となる行為や決断の理由、原因を本当に聞かれているというよりは、弁解の余地がないこと（大した理由がないこと、理由も含めて誤っていること）を確認し、その正当性をもって非難、批判、叱責に至る準備として問われていることが多い。ゆえに、「なんで〜？」という問いは、問う側にその意図がなかったとしても、問われた側が守りの姿勢になったり責められているように感じることもあるようだ。「Why の問い」は原因や理由、背景に向けられた純粋な関心として深い探求につながりうる問いなのになんとももったいないことだろうか。ただ「Why の問い」が意図せぬ帰結として問われた側を保守化、硬直化しうる、ということは頭の片隅に置いておくとよいだろう。

文章全体の表現はもちろんのこと、どんな単語を用いるか、ということからも印象は変わる。昨今、アンコンシャスバイアスという言葉はよく聞かれるようになったが、言葉から受ける印象は無意識的な作用による部分も大きい。社会心理学者のアンソニー・G・グリーンワルドは、IAT（潜在連合テスト）というテストを発明し[9]、本人さえ自覚していない潜在的な態度、意識が、単語レベルからも影響を受けることを明らかにした[10]。すべての言葉をそのレベルで吟味する必要はないかもしれないが、集まる学び手をイメージし、どんな言葉を用いるとより積極的になるか、あるいは慎重になるか、ということは検討してもよいだろう。少なくとも意図を踏まえて、ポジティブで明るい感情で問いに向き合ってほしいか、シリアスに、静かに、内省的に向き合ってほしいか程度は各問いについて考えることをお勧めしたい。それを意識して単語や表現を考えることで、質は驚くほど高まるはずだ。

言葉以外の工夫

「問いの表現デザイン」は言語だけにとどまらない。図や表、枠組みなどを用いて問いを表現することの効果も大きい。

例えば**図表31**の三つの問いの違いをどう感じるだろうか？ 今回も、問いの対象は概ね同じだ。aの問いは、大切だと思われる要素を幅広く出してもらうのに向いている。一方で、あれも大事これも大事、と対話が冗長になる可能性がある。bの問いは、最も大切なことを吟味し、対話においては複数の意見が出された後に優先順位や取捨選択、統合の話し合いが行われる可能性が高い。意見が割れれば、一つ、という制約によって「何よりも何が大事」、「何は大事ではない」といった議論に発展し、大切なことを考えるための対立軸が明確になるだろう。一方で限定や制約を感じる言い回しなので、発想の自由さや主体性が削がれるかもしれないし、正解探しを誘発する可能性もある。出た意見を一つにまとめた結果、何も言っていないに等しいほど中庸的な結論になってしまうこともある。cの問いはどうか。bの問い同様、あれもこれも、というよりは、特に何か？ ということを考える人が多いだろう。加えて、いろいろ考えたうえで一つ選ぶというよりも、統合や抽象化、あるいは焦点化に向かう可能性が高い。またキャッチフレーズっぽい印象により、考えることの楽しさを演出し前向きに取り組める可能性も高い。

図表31　言葉以外による問いの表現（例：ワークショップで大切なこと）

c	b	a
次の□にあなただったらどんな言葉をいれますか？ 対話形式のワークショップには□が大切だ。	対話形式のワークショップで大切なことを一つだけあげるとしたら何ですか？	対話形式のワークショップでは何が大切ですか？

「ワークショップのデザインにおいて大切なこと」を問いの対象としつつ、意図する思考や対話によって、表現を工夫していく。より広くオープンな対話を意図するa、収束、吟味、検討を意図するb、ワークショップ後に至る効果を意図するc。

このように、同じ対象に向かう問いでも表現によって使い分けが可能で、「有効な場面」も異なる。例えばワークショップづくりの研修でこれらの問いを活用しようとすれば、発言に対するハードルの低さや参加者それぞれの意見を広く交流できるという点からaは一つ目の問いに、bは、問い合いが生まれやすいという点で二つ目、cはまとめるというよりそれぞれの決意表明に用いることで未来につなげやすいという点で三つ目の問いとして有効だろう。

あるいは**図表32**のような問いはどうだろう。

所属している組織をどうとらえているか確認する問いだが、dの問いは前のaの問い同様さまざまな観点が出され、自組織をいろんな角度からとらえる契機となる。eは相対化の機会が得られる。協調性と挑戦性は必ずしも相反するわけではないが、二つの軸が示されることで、よりどちらに偏っているかが検討できるし、意見の違いが見える化されることで、問い合いも起きやすい。また、マイナス評価をした価値軸においては、何が足りていないのか、課題は何か、という思考が、問わずして生まれる。さらに、四象限を区切って現状を検討する問いは、自分たちの理想はどこの象限だろうか？　なぜそう考えるのか？　という対話も問わずして触発しうるという点からも有効だ。fの問いはさらに自由度が高いが、「理想の組織の条件を二つあげると

図表32　言葉以外による問いの表現（例：組織のコンディション）

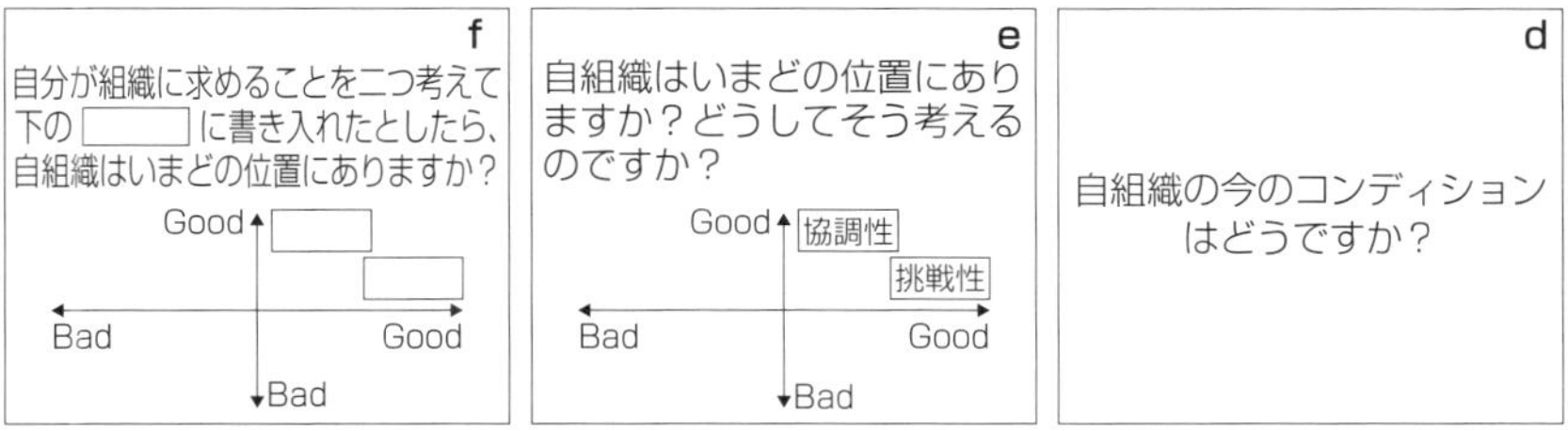

「自組織のコンディションに対するそれぞれの考え」を問いの対象としつつ、意図する思考や対話によって、表現を工夫していく。より広くオープンな対話を意図するd、特定の二軸を設定することでより詳細な認知と、学び手同士の考えの微細なずれを表出させるe、自組織の現状に意識を向けながら組織の課題や理想の状態への探求の道をひらくf。

したら何ですか?」と問われるよりも、表に言葉を埋めるというプロセスが取り組みやすさにつながる。また二軸としてマトリックス化することで、その軸同士の関係性も対話で扱われる可能性を演出できる。こちらも、組織作りに向かう研修などで用いるとしたらdの問いは一つ目、eの問いは二つ目、fの問いは集団としての意思決定を促す問いとして三つ目に活用するのが有効だろう。

表現の可能性は無限にある。さまざまに試してみたり、受け取る印象、発生する思考、対話、そして感情の違いをシミュレーションしながら、より意図にあった表現を選択するのがよいだろう。ここまでくると、自らが受けた研修や先輩、同僚の事例もうまく活用しやすくなる。具体的な問いの表現を元に、その可能性と課題を検討し、自分の意図や引き起こしたい対話に向かって表現を磨いていくことで、効率的な検討が可能となる。一方で、前述のとおり表現の検討を通して、学び手に発生することをイメージした段階で、問いの構造、つまり対象を組み替える必要に気づけることがある。「また考え直さなきゃ」と思うかもしれないが、実際に学び手に問いを提示してから意図どおりに機能しないことに気づくよりもよっぽどよいだろう。

また本書では紙幅の都合上扱えないが、身体知性や情動を直接的に扱っていくために、アートや音楽といった、視覚表現以外によって学び手にメッセージを届けるような工夫も十分に考えられる(そのことをテーマにもう一冊本が書けるほど、多様な方法、工夫がある)。なかなかうまく使われている場面は少ないが、むしろそうした方法の方が実は人の学びにおいては有効なことは多い。興味があれば学んでみることをお勧めしたい。

全体のバランスを踏まえたチューニング

最後に行うのが全体のバランスを踏まえたチューニングだ。「体験のデザイン」で考えた「学び手が体験するストーリー」に、検討した問いを当てはめてシミュレーションしてみる。そのときに特に意識するのは、「感情の流れ」である。すなわち、学び手にとって心地よい体験となっているか、ということだ。

学びの場の物語性

「心地が良い」というのは、「ただストレスなくすごせる」ということとは異なる。心理的安全性は大事だが、葛藤や惑いがない場には学びが起きづらい。終わった時に、「集まって気持ちよく話せはしたけど次につながらない」「みんなでワイワイ話せたけど、なんだったんだっけ?」という感覚になるワークショップは少なくない。その時に意識することが学びの場に流れる「物語性」である。物語には紆余曲折がつきもの、起承転結は典型的だが感情の浮き沈みがあることで、内容に没入できるし、読み終わった後に爽快感や感動、怒り、悲しみなど大きな感情のゆらぎを残す。そんな物語性を問いと対話で演出していく。特に二つ目の問いは全体のなかで「転換点」を担うことも多く、重要となる。例えばディベートやロールプレイを二つ目の問いで用いるなど、あえて集団内に対立を持ち込んだり、極端な立場から世界を見てみる体験を埋め込むことで、感情的な動きを大きくしながら、テーマに対する没入を促せる。

また、この段階までできたら問いと対話の骨組みに活動を組み込む工夫を意識していってもよいだろう。物語性を意識するうえで活動が大きな効果を発揮するのが、学び手へのロール設定である。ジョン・デューイによって創始されたラボラトリースクール運動の伝統を発展的に継承するＵＣＬＡラボスクールという小学校がある。この学校について研究した山住勝広[12]は、子どもたち自身が複雑で高次なレベルの学習課題に対し、知的な探究を開始する担い手であるという位置づけを設定するために「科学者」というロールを設定していることを明らかにしている。学習者にロールが設定されることで、「学びに対する行為の主体性」が教師から子どもへ移り、知識の能動的な創造者となっていく効果があるということだ。企画検討や課題解決に取り組みながら学ぶＰＢＬ型の学びやアクションラーニング的な研修はこれが非常にわかりやすい。「主人公として課題を解決していく」という物語を設定し、学び手に「社会起業家」、「商品開発者」といったロールを明確に付与することで、学びへの意欲を高めながら、ロールプレイングゲームのように、問いと対話および活動に向き合い、ハードルが高くても乗り越えていこうとする姿勢が醸成される。アイテムを得ていく感覚で、知識を得たり思考を深めたり、フレームワークや他者からの刺激（感覚やアイディア）、そして新しい視点を獲得しながら進んでいくことができる。

他方、そういった形態をとらなくても、学びのテーマや設計者の意図に引き付けて、学び手が置かれている状況を丁寧に定義することで「素の学び手」を日常という物語を生きる重要な一員（ロール）として扱い、学びへの没入を図ることもできる。大切なことは、学び手に自身が「どんな物語に、どんな立場でいるのか」を自覚化させることである（未来に向かってリスクが募る（という物語の）なかの中高生（若者というロール）という形で動機づけする探究学習もその一つ）。例えば、組織、領域横断で社会の課題について考えた研修では、「越境できる時代性」と「越境することの可能性」を体感する時間を丁寧に設け、課題解決、新たな価値創造に向かって「自分たちは越境できる市民（というロール）である」という認識を強く受講者に根づかせた。そのことで、課題を組織内にとどまるものではなく、市民社会にとって、という視座でとらえるよう促すとともに、解決策においてもマルチステークホルダーで取り組むことを前提にする意識の醸成を狙った。実際になんらかの課題を設定して活動するような研修ではなかったが、「課題」や「解決策」に対する考えや範囲を脱構築する、豊かな研修となった。

また、三つ目の問いに用意している内容について考えることの重要性や意義を明確に示すなど、目的を明確にしながら学びの場に誘うことが有効であればそれもよいだろう。そうしたさまざまな工夫を駆使して、問いに出会い、葛藤や惑い、時には苦悩も抱えながら学びを進めていけるような物語性を帯びるよう全体をチューニングし、完成を目指していく。

問いと対話に対する繊細さ

最終段階のシミュレーションは、何度やってもやりすぎることはない。問いを眺めながら、そこから発生する対話をイメージしてみたときに、「論理的には想定どおりに進みそう」であることと、「実際にそのように進む」ことには距離がある。もし時間的余裕があるなら、友人や知り合いに学び手になってもらって、補助説明（問いを提示した後に問いの意図を説明したり、対話がはじまってから話し合いを軌道修正したりすること）と学び手から設計者への質問を禁止して、リハーサルをしてみるとよい。つまり、設計者は考えた三つの問いを時間が来たら提示するだけという役割に徹する。リハーサル協力者には問いの狙いや意味がわからなくても自分なりに解釈して取り組んでもらう。そうするとおそらく設計者は、大いにもどかしい時間を過ごすことになるだろう。それくらい、想定どおりに進まないことの方が多い。学び手の自由で主体的な対話を重視する学びの場なので、思いどおりにいかないこと自体は決して悪いことではない。実際の場面ではファシリテーターが補助説明や対話への介入もしていくだろう。場に起こった対話やアイディアに対して即興的にかかわって学びをより深めていったり、対話を大きく拡散していくことも学びの場を届ける人の重要な役割だ。一方で、問いが出されて話し合いがはじまってからファシリテーターがストップをかけて追加の説明をしたり、話し合いの方向を修正、制御したりするアクションは、ファシリテーターの権威性を高めたり、場の自由でオープンなエネルギーを制してしまうこともある。問いに対して「何を考えればよいのか？」「これで正しいのか？」といった不安が場に起こることも望ましくない。できる限り、余分な説明をすることなく、学び手が学び手の思うままに問いに向き合った結果が、設計者の意図したストーリーにのっかっている、そんな問いを提示することが望ましい。

問いによって発生する思考や対話を広く深くシミュレーションし、問いを練り直し続けることで、問いは洗練されていく。一方で考えれば考えるほど思いもつのり、問いに言葉を足して焦点を明確にしたくもなる。しかし、文章が長くなるほど問いの力は落ちることの方が多い。説明的な問いは、「正解の蓋然性」を高め、学び手の能動性や主体性をそぐこともある。短くシンプルな言葉でありながらも、考えたくなる、話したくなる、そんな問いを掘り当てることが大切だ[11]。

重要なのは、問いを検討する水準である。問い（質問や疑問を含む）も対話（話し合いなどを含む）も、日常にあふれているゆえに、「学びの場のデザイン」という特殊な取り組みにおいても、あまりにも素朴に扱われすぎているということが学びの場の質にばらつきを生んでいる。日常で用いられている問いも対話も、手がかりにはなるが、第4章、第5章で確認してきたとおり、学びの場で用いるうえでは多くの特別な配慮が求められる。学びという現象を生み出すために問いおよび対話を扱う際には、これ以上ないほどに繊細に向き合う必要があるのだ。

三段階の問いと対話の構造の使いどころ

最終章となる次章では、学びの場のデザインから、提供者としての心構えに視点を移す。その前に、ここまで紹介してきた「三段階の問いと対話の構造」の使いどころについて触れておきたい。基礎構造の設計から詳細の設計まで、また長い期間にわたる学びのプロセスにおいては大きな構造のデザインから、それぞれの問いに向き合う部分的なデザインにまで、この骨組みは用いることができる。例えば筆者らが8年前に開発した、中高生が社会課題に取り組む探究学習は全12ステップ、毎週1時間取り組むとして3か月程度のプログラムとなるが、大小に「三段階の問いと対話の構造」が埋め込まれた構造となっている。

まず大きな構造として、「1、あなたが笑顔にしたい人は？」、「2、その人にとっての最高の状態はどんな状態だと想定できる？」、「3、社会を変えるとはどういうことか？（リフレクション）」という構造がある。そして、それぞれの問い（1～3）について、「1-①あなたが知っていたり見聞きしたりしたことのある困っている人は？」、「1-②グループで出し合った困っている人の中で最も困っている人は？」、「1-③あなたが笑顔にしたい人は？（1）」という一つ目の小さなまとまり、「2-①その人が笑顔になるアイディアは？」、「2-②本当に笑顔になる？　ならないとしたらどうして？」、「2-③その人にとっての最高の状態は改めてどんな状態？（2）」という二つ目の小さなまとまり、「3-①参考になる取り組みは？」、「3-②具体的に何をする？」、「3-③社会を変えるとはどういうことか？（3）」という三つ目の小さなまとまりが埋め込まれた構造になっている。さらに、1-②ではディベート的な活動が入ったり、2-①ではアイディアブレスト、2-②では相互発表と相互コメント、3-①ではいわゆる調べ学習や外部リソースの活用、3-②では企画検討、と活動が埋め込まれている。

ただ、最初のうちは全体設計から詳細に至るまでのすべてに用いることは難しいだろうし、当然この構造を使うことが目的ではない。ただ、学びの場づくりに相対した際、テーマや活動に強く意識が向いてしまいがちなところ、「学び」という目的に真摯に向き合い、まず問いと対話の構造をデザインすることからはじめる、その骨組みに活動を載せていく、という段取りで学びの場のデザインに取り組んでみてほしい。最初は一部でも良い。例えば、大きな骨組みとなる部分だけ問いの構造をつくっておいたり、入り口だけ、あるいは学びの場のリフレクションだけに用いてみるといったことから始めてみるのが有効だろう。その経験の繰り返しが、必ず学びの場のデザインの質を高めていくはずだ。

注

(1) このことは問いに限らず、学びの場に組み込む活動やゲームなどにもいえる。事例や書籍で出会った一見面白そうな実践や注目される手法を取り入れることが目的となり、それ以外がそのための手段となり、違和感だらけの流れになってしまった研修を受けたり授業を見聞きした体験がある人は少なくないだろう。

(2) 教育心理学を専門とする奈田哲也は、「感情はやりとりを通した知識獲得を如何に促すのか」という論文の中で小学3年生を対象にした実験から、個の知識獲得においても感情が作用することを明らかにしている。

(3)『学習意欲の理論』には、学びに向かう動機に関する幅広く多面的な解説が丁寧になされている。やや難解ではあるが学び手の動機づけについてより深く検討したい方には非常におすすめの一冊である。

(4) 田端健人・菅原敏・板垣将大・原田信之・丸山佳子・久保順也・本図愛実「学力／非認知能力に対する対話・探究学習効果のデータサイエンス―全国学力・学習状況調査の分析を中心に―」『宮城教育大学教職大学院紀要』第4号、2022年、91-109頁。

(5) 一方で、非認知能力やそれに類する能力をどう定義し、どのように測るのかという研究についてはまだまだ発展途上であり、慎重に検討していくことが求められている。

(6) もちろん、一つの授業でできることは限られており、格差の再生産という問題に取り組むためには、学級づくりや授業外の児童、生徒との関わり、児童、生徒同士のかかわり、あるいは学校外からのサポート、権利の実質的保障などさまざまな観点からのアプローチが必要であることは言うまでもない。

（7）藤井千春、『アクティブ・ラーニング授業実践の原理―迷わないための視点・基盤・環境』明治図書出版、2016年、42頁。

（8）もちろんifからはじまる空想、想像にも妥当性を求めれば知識は必要になるが、正しさを問わない思考実験として扱えれば、発想を膨らませることができる。

（9）インターネットで調べると、受けられるサイトがでてくる。いかに人が無意識に言葉に対するイメージを潜在的に抱いているかがわかるのでやってみるとよい。

（10）「脳に蓄積された内容は、花と快語をペアにすることを助ける一方で、花と不快語をペアにすることを妨げる可能性が高い」（『心の中のブラインド・スポット』M・R・バナージ&A・G・グリーンワルド著、北村英哉・小林知博訳、北大路書房、2015年、76頁）ことなどを発見した。

（11）筆者は、問いを考える作業が熟練した彫刻家が木を彫る作業に似ていると感じることがある。東京芸術大学の元学長で、東京スカイツリーのデザイン監修なども務めた澄川喜一は作品作りにおいて「木の声を聴く」という表現をしていたが、集まるであろう学び手一人一人、あるいは集団を想定し、その深い声に耳を傾けてその〝出口〟としての問いをつくる作業が学びの場づくりにおける問いづくりといえる。

（12）山住勝広「子どもの主体的な探求学習と概念形成―UCLAラボスクールにおける授業実践の活動理論的分析」『カリキュラム研究』第24号、2015年、41-53頁。

column 4

三つの問いを考える観点、フレーム

学びの場の具体的な検討は意図や学び手など個別の状況を踏まえ、設計者が独自にデザインすることになるが、参考になる考え方を紹介したい。

まず一つ目は、「"low floors（ハードルが低いこと）"／"wide walls（幅が広いこと）"／"high ceiling（天井が高いこと）"」という三つの考え方だ。発達心理学者のシーモア・パパートが、学習や教育を支援するテクノロジーの導入において重要なこととして挙げたのが "low floors" と "high ceiling"。さらに、子どもたちが簡単に使えるプログラミング言語 Scratch を開発した MIT メディアラボのミッシェル・レズニックがこれに加えたのが "wide walls" である。"low floors" は、誰もが挑戦できること、そのために遊びの要素があることを意味し、wide walls は答えが一つではなく、取り組み方や関心、興味によって無数の可能性や自由度、多様性が許容されているということを意味し、high ceiling は、意欲や習熟度によっては難易度の高いチャレンジや深い探求が可能であることを意味する。学びのプロセス全体を検討するうえでも非常に重要だが、一つ目の問いで low floors、二つ目の問いで wide walls を意識し（「正解の蓋然性」の低い「if の問い」は wide walls に非常に向いている）、最後の問いでは high ceiling を意識して考え始めるのも良いだろう。

もう一つが、「"拡散"／"混沌"／"収束"」だ。創造的な話し合いの場で使われるフレームワークだが、第 5 章で紹介した通り、創造は本書で扱う学びと共進する関係にある。この三つも、学びの場全体の流れにおいて意識してもよいし、各問いがそれぞれを担うよう設計してもよい。一つ目で、テーマに対する考えやアイディアを拡散させる問いを設定し、さまざまな角度からテーマをとらえ、学び手の視野を広げる。二つ目の問いでは混沌を意識する。対立軸を持ち込んだり、意見が分かれたり、前提が覆るような問いをおく。三つ目は、集団、あるいは学び手一人一人が学びの場の後に持ち出せる自分たちなりの結論や決意を引き出す問いをおく。

ここでは具体的な観点・フレームも示したが、何より大切なことは「やってみる」ことである。最近では「グロースマインドセット」という表現もされるが、この学びの場のデザインを挑戦ととらえ、失敗も含めて受け止め、実践に対するリフレクションも大切にしながら、自分の頭で考えて磨いていくことが、何より学びの場の質を高めていく。

第7章

学びの場をどのように届けるか？

最終章となる本章では、デザインした学びの場をどのように届けるのか、ということについて考えていく。学びの場の〝設計〟と〝提供〟は多くの場合同じ人、メインではなかったとしても設計に携わってきた人が担う場合が多い。ここまで大切にしてきた考え方やポイントが引き続き基本となるが、新たに押さえるべきポイントや、設計において重視したことを手放すべき部分もある（そもそも〝設計〟と〝提供〟にはそれぞれに固有のポイントやノウハウがあり、設計者と提供者に求められる特性や資質も、本来大きく異なるため、その両方を常に担う方々には多大なるリスペクトがある）。

学びの場における即興的なやりとりは非常に重要だ。筆者も状況にあわせて、準備した問いを手放したり変更することがよくある。主体化を意図する学びの場は特に不確定要素も多く、その場に起こるすべてのことを事前に予測することは原理的に不可能である。ゆえに最終的には、その場に起こることに相対し、意図する学びのためにすべてのリソースを用いて全力で取り組むことが求められるが、そのためにできる準備や心構えもある。先生、あるいは研修講師としての経験を積まれてきた方々には釈迦に説法かもしれないが、「垂直的成長につながる学びの場」の特殊性を踏まえて、お伝えしておくべきことを示したい。

学びの場における役割

先生にしろ、研修講師にしろ、ここまで扱ってきた学びの場を提供するうえでの提供者の役割は「ファシリテーター」である。昨今では関連する書籍もたくさん出版されており、それらにあたることで心構えやノウハウを学べるだろうが、最低限のことは確認しておきたい。

「ファシリテーション」と「モデレーション」

「ファシリテーター」という言葉も流行り言葉のようにさまざまな場面で用いられ、「私は研修講師ではなくファシリテーターです」、「先生はファシリテーターの役割です」という表現もよく耳にするが、実際にその場にいると、どの辺がファシリテーターなのか釈然としないこともあるので、まずそこを明確にしたい。何度か本書に登場したアダム・カヘンの『共に変容するファシリテーション』(小田理一郎訳、英治出版、2023年)に登場する「モデレーション」との対比がわかりやすい。司会進行として論点を示し、発言者を指名し、結論をまとめるのは「モデレーション」で、主に「コンテント(議論の内容)」に焦点を当て、論理的な結論を引き出すことを目的とする。会議でなく学びの場においても、ファシリテーターと名乗りながらこのような振る舞いをされる進行役に出会ったことがある方はいらっしゃるだろう。一方コンテントだけでなく、「コンテクスト(メンバーたちの間で起こるグループ内の「プロセス」)」、関係性、場の質に焦点を当て、メンバーの新たな理解、関係性、意図を生み出すことを目指すのが「ファシリテーション」とされる。目的も、場において意識を向けることも大きく異なることがわかる。教育の三つの機能を踏まえると、有能化、社会化は、狙いとする学びの定義が容易で、「モデレーション」によって至る場合もあるが、主体化を願う場合は「ファシリテーション」が重要であることもご理解いただけるだろう。

ランクと視点の固定化をゆるがす

学び、特に垂直的成長を意図した学びの場における「ファシリテーション」においてはこのことに加え、二つのことを意識する必要がある。いずれも「固定化をゆるがすこと」がキーワードだ。

一つ目は場における「ランクの固定化」。第5章の「心理的安全性」にて、この学びの場においてランクを意識することの重要性を指摘したが、対話がはじまるとさまざまな要因からランクの固定化がはじまる。それは、話のうまさかもしれないし、生徒や受講者ごとの教師、講師との関係性かもしれないし、声の大きさかもしれない。ランクは人が集まると発生するものではあるが、それが固定化すると対話は成立しづらく、深まることも難しい。誰かの顔色を窺ったり、同調したり、あるいは話の内容ではなく話者を見て批判、反論が生まれたりする。この部分は、学びの場のデザイン、問いのデザインによる事前の準備ではアプローチしづらい。「聞き方に意識を向ける」構えが学び手の間で共有されていれば、学び手同士でそれを打開することもあるが、そう簡単ではない。だからこそ、ファシリテーターの関わりどころとなる。

二つ目は、一つ目とも関連するが、話し合いにおける「視点の固定化」である。対話を観察しながら、早すぎる合意、引用情報への迎合、客観性への過度な偏重、価値基準の固定化などが現れていたら注意が必要だ。そうしたアラートを察知したら、異なる視点を触媒として提示したり問いを投げかけることで、視野の拡張を促すことが重要である。グループで話されている内容に提供者である自分が共感していたり、意図している方向に話し合いが進んでいたとしても、あえて異なる視点や観点を投げかけることをお勧めしたい。いち早く結論を出すことが重要な場であれば、このアプローチは非合理的かもしれないが、あくまで「学びを起こすこと」が目的であれば、結論を出すことよりグループおよび個人が多くのゆらぎに出会うことの方が重要だ。合意に至ろうとしている内容がいかにもっともらしかったとしても、発見や気づきのない対話は学びが生まれづらい。また、たとえいち早く結論を出すことが求められる場だとしても、取り組んでいる課題が適応課題だったり、イノベーションや発明が求められるテーマであれば注意が必要だ。遠回りに見えたとしても、あえて異なる視点や触れていない観点にも目を向けて、それぞれに気づきや発見があり、視野が拡張したうえで、テーマに改めて向き合うようにファシリテートすることをお勧めしたい。使い慣れた論理で生み出された結論は、一見ユニークに見えても、じっくり検証してみると何かの焼き直しだったり、さして独創性がなかったりするものだ。

ファシリテーションは、各人の個性やキャラクターを上手に活かして立ち振る舞うことが最も重要であり、この二つの固定化をゆるがすうえでどういった方法論が適切か、ということを一般論として示すのは容易ではない。目的を意識してキャラクターに合わないことをしても大抵の場合はうまくいかない。しいて、経験から伝えることがあるとしたら、権威的に、「ちょっとしゃべりすぎですね」とか「ほかの人の意見を聞いてみましょう」と促すのはたいていの場合得策ではない。どちらかというとトリックスター的、道化師的に、まじめになりすぎないトーンで、「そうですかねぇ?」とか、「他の人はどうなんだろぉ」と介入する方が、うまくいってきた。それぞれの方なりのやり方で、ランクの固定化に働きかけ、新たな視点を提示して、学び手一人一人、グループ全体の視点の固定化をゆらがしながら、自分に合ったやり方を見つけるのが有効だ。

主体的学びが生む「隷属する主体性」と「忖度力」

そしてなによりも意識を向けるべきこと、より明確な表現をすれば、注意すべきことは、その学びの場において、「隷属する主体性」が育まれえないか、という点である。どういうことか。

本書の第1章や第3章において、視野狭窄や思考停止に陥りがちな現代の社会状況、そして「客観性」や「俊敏で肯定的なリアクション」を(無意識に)重視することが現代人にとっての生存戦略となりつつあることを確認した。

社会学者のアンソニー・ギデンズは、ポスト近代の特長として「自己の再帰的プロジェクト」という概念を提唱した。地縁や血縁、宗教や慣習から切り離されたポスト近代(靴屋の子は靴屋、この地域で生まれた子は生涯この地域で生きていく、といったことではなくなった時代)においては、各人が自身のアイデンティティを形成するうえで準拠する対象を失い、自分の物語を自ら構成し、また絶えず修正し続けなければいけなくなっている。転居の自由、働き方の自由、宗教の自由、獲得された自由はどれも、過去、制度や慣習によって固定化され、選べない選択だったが、先人の努力、あるいは闘いによって獲得されてきた。他方、心理学者のエーリッヒ・フロムが文字通り『自由からの逃走』で示すとおり、自由を扱うのは容易なことではない。新しい依存と従属の対象さえ求めてしまいうるのが、人間という存在だ。そうした前提に第1章、第3章で紹介したような状況が覆いかぶさる現代人に対して学びの場において、「私でいる」ということを求めるハードルは改めて、著しく高い。

加えて多くの学びの場においては、参加者に「評価」もついて回る。例えば探究学習における生徒の取り組みはとらえづらく、一人一人の学びをワンショットで評価することはさらに難しいため、コラム1でも取り上げたとおり、昨今ルーブリック評価などが注目されている。完成品だけでなくその過程にも視野を向けようとすること、また評価をとおして学び手が自身の変容や成長をとらえ、さらなる自己研鑽に用いるという考えは、とても重要なものと言える。一方で、学校教育における評価は構造上、選抜と密接につながりやすい（昨今は、探究学習が難関大学への別ルートになりつつあるという指摘が、研究の領域でなされる）。一時期文部科学省は「JAPAN e-Portfolio」という構想をもっていた。最終的には運営許可の取り消しに至ったが、学校におけるさまざまな取り組みをポートフォリオに蓄積し、大学入試に直接活用できる仕組みが構想されていた。探究学習のような、学び手の取り組みが捕捉しづらく、成果を客観的に評価しづらい取り組みの評価において「選抜」という目的が前傾化すると、「正解のない問いへの取り組みを通した正解探し」がはじまる（はじめざるを得なくなる）可能性は高い。例えば発言量を増やしたり、授業外活動に積極的に取り組むなど、「主体的である」と思われる姿勢を意識的に示し、評価される主体性を〝演じさせてしまう〟かもしれない。「正解がある学びにおける正解探し」に比べ、「正解がない学びにおける正解探し」（「正解がない」とされるなかで、正解らしい振る舞いを探させてしまうこと）の問題はことさらに大きい。生徒の一挙手一投足が評価にさらされるなか「客観的な評価の眼差し」が内面化されていく。「忖度力」こそが重要という観念を植え付け、世界に対する不信感を高めるかもしれない。そうなったとしたら、「主体性育成」の名のもとに育まれるのは、真の主体性とはほど遠い、いうなれば「隷属する主体性」となる。

オートロックのパノプティコン

この評価のまなざしの強化、あるいは日常生活への避けがたい埋め込みは、中学や高校といった選抜の仕組みが付随する（埋め込まれる）学校教育だけのものではない。企業においては、文字通り「生活に影響を与える評価（昇給、出世、ボーナス）」がついてまわる。

加えて、データ駆動型社会においては、何がデータとして収集されているのか一般市民にとってわかりづらい。例えば転職者が増加傾向のなか、採用する企業はリファレンスチェックを重視するようになっている。その行為自体の違法性も議論されているが、中途採用を行う企業が、応募書類ではわからない候補者の人となりを知るべくSNSをチェックするようなことは、実際に起きている。そのことが、「日常のすべてが評価の対象にされるかもしれない」と、個人を委縮もさせる。イギリスの哲学者ジェレミー・ベンサムが監視の必要な人々（例えば犯罪者）を最小限のコストで監視できる装置として考案したパノプティコン（一望監視装置）は、被監視者が、自分がいつ、どんなタイミングで監視されているかわからなくすることで、実際には監視されていないタイミングにも「監視の機能」を維持させたわけだが、昨今の社会はさながら「オートロックのパノプティコン」状態。自分の何が、いつ、データとして蓄積され、そしてそれがどんな評価、選抜の場面で用いられるかわからないなかで、あらゆる場面の自分を、自分自身が統制する力学がこれまで以上に強く働いている。実際に評価や選抜に活用されるかどうかより、活用されうる環境が個人に作用している、という点が重要だ。現代人はそれほど、純粋に「私でいる」ことが難しく、正解性や客観性への過剰なまでの適応、他者からの評価の眼差しを内面化して生きざるを得なくなっている。

真に〝私〟として学べる場のために

そんな時代を、「私という物語」を寄る辺なく紡ぎながら生きることが求められる現代人に届ける学びの場だからこそ、「私として向き合う」機会が大切になるのだ。だからこそ、何度も繰り返すがその難易度は高く、提供者にとって、学び手に「正解探し」のマインドを芽生えさせないこと、あるいは学びの場の空間だけは「内面化した他者評価の眼差しからの解放」のための仕組みづくりが重要になる。

意図の扱い

こうした状況を確認すると、ここまでとても大事にしてきた〝意図〟の扱いについて、改めて考える必要があることがわかる。

これは、第3章「どんな学びを届けたいか—意図を紡ぐ」や第6章「体験のデザイン」で言及した、「意図はその実現を願いはするものの、実現するよう働きかけすぎては学びの場が土台から崩壊する」ということと関係する。端的に言えば、強すぎる意図は、学び手に「正解探し」を生むリスクがある。

本書は、たった一つの学びの場をデザインするにしては過大なリソースを注ぐよう書かれているように受け取られるだろう。探究学習やワークショップを、しかも学び手の主体化を願いながら設計するのであればこれくらいの周到さは不可欠だと筆者は思うが、それでも長く、面倒くさく、手間に思えるだろう。そうした時間を一度過ごしてみると、掲げたテーマに対し深く多面的に理解できると同時に、「自分はどんな学びを起こしたいのか」という自分自身の強い願いにつながることができるはずだ。この、自分の願いをつかむ体験は、「学びの場のデザイン」に連なる複雑な挑戦の道に取り組む原動力となる。一方で願いが強ければ強いほど、それは学びの場における「規範の温床」になる。「こうなってほしい」が「こうであらねばならぬ」を生み、学び手の「学び」が「学んでいるフリ」にとって代わる。アンケートの満足度は高いが、学びが薄い場になる可能性も出てくる（提供者が求めているものを察知し、演じるのは学び手にとって意外に簡単で、今日、悲しいことだがそれは大人より子どもの方がうまい）。

それに対処する方法は大きく二つだ。まず一つ目は意図の伝え方に気を配ること。学びの場づくりに関する研修やワークショップにおいて受講者から必ずと言っていいほど聞かれるのが「意図は伝えるのか？／いつ伝えるのか？」という質問だ。状況によるが、筆者は最後まで伝えないことをお勧めしている。それはこれまで伝えたとおり「規範の温床」になって正解探しがはじまるからだ。

筆者もこれまでさまざまな授業、研修、ワークショップに受講者として参加し、進行やレクチャーの仕方は本当にさまざまであると感じてはきた。しかし意図と活動の伝え方、という観点からは以下の４パターンに分類できる。

①　何をするかさえわからない進行
②　何をするかはわかるがなぜそれをやるのかがわからない進行
③　何をやるのか、なぜやるのか共にわかるが、なぜやるのかがわかりすぎてしまう進行
④　なぜやるかについて説明はないのにやりたくなる進行

①は意図、活動のいずれも学び手に届いていない、②は〝活動〟のみ、③は両方。そして④は〝活動〟のみ。みなさんが参加してきた学びの場を振り返ってみてどうだろうか。①が学び手にとっていづらかっ

たり、取り組みづらいことは言うまでもないが、②も心地よい体験にはなりづらい。不安や惑いを抱えながら取り組むことになり、ストレスがかかり、モチベーションが下がることもある。他方③も、それはそれでつまらない。「これをやっとけばいいんでしょ」と、閉じた意識にもなる。最も心地よく学びのプロセスに没入できるのは④だ。〝意図〟を語らずして②ではなく④を実現するうえでは特に、第6章の「問い同士の距離」で紹介した、前の対話と問いとの距離感、「いまそのことを話したかったんだ！」という問いの塩梅と、第6章の「学びの場の物語性」で紹介した物語としての心地よさが効果を発揮する。加えてファシリテーションにおいても、場の空気づくりやファシリテーターへの信頼、ワクワク感や面白さ、好奇心の演出など、さまざまな工夫が可能だ。この点においては論理というよりも感情への働きかけが効果を発揮することは覚えておくと良い（論理では結局③となる）。手法については「固定化をゆるがす」の と同様、いろいろと試してみるのが良い。「意図は発しないが続く問いや活動に学び手を没入させるにはどうするか？」という問いを自らにもって試行錯誤し、自分らしいやり方に行き着くのが一番の近道だろう。

意図を手放す

もう一つの対処法は、「意図を手放す」ことだ。上記のような工夫を凝らして伝えないよう意識しても、染み出てしまうのが深い願い（意図）でもある。学びの場のデザインを最も深い部分で支え続け、立ち返る場として置いた意図を、究極的には手放すところに至るのが実は理想だ。ここまで丁寧に読み進め、学びの場をつくってきていただいた方には衝撃的すぎるかもしれないが、極めて重要なことである。

では意図を手放した意識をどこに向けるのかというと、それはもちろんその場に起こることであり、学び手一人一人に起こる気づきや不安、葛藤、学習意欲の変化、そして問い、内的変容である。述べてきたとおり、学びという現象の発生は、学び手のレディネスに左右される。いくら高い目標を掲げても、学び手に準備ができていなければ実現は難しい。第6章でも紹介したとおり、レディネスを整える努力は設計者・提供者として十分に取り組むが、最後は本人次第。であるならば、提供者である自分が望む方向に学びが進んだように〝見える〟ことよりも、例え望んだ方向ではなかったり、水準としては不十分と感じたとしても、各人が自分なりの学びを獲得する方が、その場の価値は高いと筆者は考える。だからこそ、学び手一人一人の状態に意識を向け、些細な変化や機微を拾い上げながら、言葉や問い、あるいは環境づくりによって学びの場に働きかけていくことが必要となる。これだけ「私でいる」ことが難しくなっている現代社会にもかかわらず、「私でいる」ことで〝学びがあった〟という体験こそが、学びに対する認識を変化させ、ポジティブな印象につながり、その後の学びに向かう姿勢や感性を育てる。そのために大切なのが「意図を手放す」ということなのだ。

とはいえ、ここまで大事に扱い、反芻してきた意図を手放すことは非常に難しい。

意図を手放すとは「意図を意識しないようにする」ということだが、第5章の「聞き方に意識を向ける―内省的に聞く」でも確認したとおり、「～する（しよう）」という前向きな表現にすることで人はストレスなくその行動をとることができるようになる。「意図を意識しないようにする」の前向きな表現とはすなわち、「目の前に起こる現実を楽しむ」ことだ。意図を手放すことで、目の前で起こることすべてを好奇心をもって楽しめるようになる。さらに取り組みやすくするには、「学び手に驚かされることを楽しみにする」ととらえるとよい。精妙にデザインしきった学びの場で、意図を願いながら提供すると、意図は場に染み出る。そこには想定どおりの学び（あるいは学んだ〝ふり〟）しか起きず、驚きがない。一方、デザインが精妙さに欠け、手放しすぎた場には、「そういうことがおきるんだな〜」という感想を抱いても、それは「想定外！」「想定の斜め上！」といった驚きとは異なる。

学びの場の完成が見えてきたら、「終了後、受講者の学びに驚かされうる心持ちになっているか？」という問いを自問しながら、学びの場の検証を行ってほしい。そして最後の最後、その心持ちになるべく、意図を手放し、目の前に起こるすべての学びに興味と好奇心と祝福をもって臨むことに挑戦してほしい。

学びの場をひらく瞬間に意図を手放すことは覚悟のいることだが、その覚悟こそが、「私」として臨もうとする学び手への全幅の信頼の表明となる。提供者のその構えこそが、学び手を真に自由に、そして主体的にする。繰り返しになるが、学びの場において最も大切なことは学びが起きることであり、デザインしてきたプログラム、コンテンツ、研修、授業を作ってきたとおりにやり切ることでは決してない。

学び続ける人こそが学びを届けられる

「学び手に驚かされることを楽しみにする」という構えをさらにもう一歩進めると、「その学びの場の提供において、提供者である自分自身が学ぶことを楽しむ」ということに行き着く。ここまで大きく構えられたら、意図を手放すことは容易になる。

学びの場づくりと提供は引いてとらえると、設計者と学び手との対話である。第5章「対話の機能」で紹介した「建設的相互作用」で言えば、学びの場を提供する設計者は、提供（インストラクション、問いの提示）までの段階において「課題遂行者」であり、学び手は「モニター」である。そして場が開かれてからは、学び手こそが「課題遂行者」であり、設計者は「モニター」となる。その構造で学びの場をとらえると、意図と異なる現実が巻き起こることは、モニターとなった設計者にとって大いなる学びの機会となる。このとき、第5章「聞き方に意識を向ける」で示した心構えをもって学びの場にいること、特に「内省的に聞く」、すなわち他者、ここでは学び手の発言や対話による新しいアイディアを受け入れ、進んで影響を受け、そして〝変わろうとすること〟を重視できると、さまざまな発見や気づき、自分自身の学びに出会えるだろう。紹介してきたデザインのプロセスを丁寧に歩めば、その学びの場のテーマについては、その場にいる誰よりも時間をかけ、多面的、多層的に探求しているはずだ。しかしだからこそ、蛸壺にはまって、視野狭窄に陥ることもある。「「よく知らない人」の視点だからこそ見えてくることがある」というのは、どんなテーマに対しても普遍的な事実である。また、「人はいつ、どんなときに学ぶのか」、「人が学ぶメカニズムとはどんなものなのか」といった、「人が学ぶ」という現象に対する新しい発見や気づきも得られる。そうした学びは、必ず、その後の学びの場のデザインや提供の発展につながっていく。

「学びの場の提供において、提供者自身の学びを意識するのは無責任」と思うかもしれないが、その構えでいることの価値が、意図が手放せるということの他にもう一つある。それは、避け難く権威性を帯びてしまう学びの提供者こそが最も学んでいるという姿勢が、「感染的模倣（ミメーシス）」を生み出しうることだ。社会学者の宮台真司が著書『日本の難点』（幻冬舎新書、２００９年）の教育に関する議論で、「真似しようと思って真似るのではなく、気づいたら真似てしまうようなもの」と、「感染的模倣（ミメーシス）」を紹介し、また教員志望者向けの雑誌の中で、学習動機として「わかりたい」（理解動機）、「勝ちたい」（競争動機）とともに、「この人みたいになりたい」（感染的模倣（ミメーシス）動機）の重要性を指摘していた。本気で学びに向かう姿勢は、他者に伝播する。すなわち、提供者が学ぶ姿勢は、学び手の主体性や学びに対する意欲を引き出すという意味でも、非常に重要なのである。

学びの場のデザインについて考えてきた本書の最後に「学びの場の届け方」について扱ったわけだが、簡単におさらいをしておきたい。まずは学びの参加者の新たな理解や学びを生み出すことを目指し、「コンテント」ではなく「コンテクスト」に、より意識を向けること、そして「ランクの固定化」と「視点の固定化」をゆらがす意識を持ち続けること、これらをまずは意識して学びの場に立つことが大切だ。そして学びの場のデザインにおいて常に重視し続けてきた〝意図〟の存在が、「規範の温床」となり、正解探しを誘因し隷属する主体性を育みうる可能性を理解し、学びの場の提供においては意図の扱いに十分注意を払うこと。理想的には学びの場をはじめる瞬間に意図を手放すこと。そのために、自らがその学びの場を通して学ぶ姿勢を大切にすることが重要である。

学びの場のデザインに通じることだが、混迷を極め、変化の激しすぎるいまの時代、学び続ける人こそが、誰かに学びを届けることができる。そしてそのための学びは「学びの場づくりと提供」の積み重ねにこそ存在する。同時にその学びを得るためには「思いどおりにいかない」ことを受け入れる必要がある。error & learn という表現もするが、失敗を恐れず、設計者／提供者自らが取り組みから学びを得ようとすることは、本書が扱ってきた学びの場を、デザインするうえでも、提供するうえでも非常に大切な構えである。学校の先生にしろ、研修講師にしろ、人前に立って学びを届ける立場の人が「自らの失敗を許容する構え」をもつことは、完璧な正解をもって学びを届けようとすることよりも格段に難しいことかもしれない。恐れも抱くだろう。しかし、「学び手に学びが起きること」が最も大切な目的だとしたら、そしてそれが「私として学びに向き合った結果おこる主体化としての学び」であるならば、失敗とは、設計者・提供者の想定どおりに進行しないことでは決してない。学び手が正解を探したり、規範的になったり、過去の自分や自分の外側にある答えに閉じこもることだ。そうさせないためには、失敗、すなわち「思いどおりにいかない」ことを受け入れ、むしろ歓迎していく構えが重要なのだ。

学びを届けることを生業にしてきた方々は誰よりも「失敗の価値」を知っている方でもあるはずだ。人は、失敗によって学びを得る。常に成功、思いどおりでは学びは起きないという意味では、むしろ失敗こそが学びのカギだ。もちろん、事前準備やリハーサルで大いに失敗し本番を迎えようとする構えは大切だが、本番で起こる「想定外」でしか学べないこともある。「想定外」を「学びが起きないという結果」につなげてしまわないために、事前準備に丁寧に繊細に取り組むこと、起きうる現象から学びを紡ぐ手立て、臨機応変な対応を手元に持っておくことでその可能性を下げられる。準備があることで柔軟にも取り組める。そして、学びの場の提供を一つ一つ分断したものととらえず、繰り返され、磨かれ、長く続く営みとしてとらえること、リフレクションも丁寧に行いながら、自身の学びを深め、学びの場づくりの質を高め続けていく実践のプロセスとして扱っていくことが大切になる。

「失敗（想定外の事象）の価値への信頼」を、学びの設計者、提供者であるご自身にも向けながら、学びの場のデザインと提供を楽しんでいってほしいと、心から願っている。その姿勢が、何より学びの場を通して学び手に学びを起こしていくのだから。

あとがき

人生で、あなたに最も大切な学びが起きた瞬間はいつですか？

その学びは、何によって生まれたのでしょう？

この問いは「学びの場づくり」に取り組む方々への研修で扱う、最も重要な問いである。どうだろう。あなたが思い浮かべた「学び」やその在り方は、いま世の中で大切に扱われているだろうか。そしてあなた自身、本当に大切に扱えているだろうか。

探究学習や研修づくりを仕事にして9年。どこかで自分の取り組みをまとめて展開可能なものにしたいと思ってきたが、その深い部分にあったのは、「私たちは〝学び〟を本当に大切にする道に歩みを進められているだろうか？」、そして「そもそも私は本当に〝学び〟を大切にできているのだろうか？」という問いだったように思う。

受験学力、（大）学歴、あるいはチョーク&トーク、教え込み、そういったものはいま、乗り越えるべきレガシーとされることが多い。そのことが第1章で取り上げた「学びの大改革」につながっている。ではその乗り越えた先にある「学び」とはどんなものなのか。アクティブ・ラーニング、探究学習、ワークショップ、リスキリング、さまざまな「コンセプト」が語られるが、はたしてそのことで私たちは何かを乗り越えられているのだろうか。目新しい言葉でラッピングしただけで、根本的には何も変わっていない、そんなことはないだろうか。

ありのままでしかものを見ない人は、「なぜ、そうなのか？」と問う
ありえなかったものを創り出せる人は「なぜ、そうでなくてはならないのか？」を問う

ジョージ・バーナード・ショー

本書の企画を進めるなかで出会ったこの言葉が、執筆中常に頭にあったことを的確に表現してくれた。「なぜ探究学習／ワークショップじゃなければならないのか？」。教育改革にしても、研修の設計にしても、「これまでのやり方で十分やれてきた！」という発言にはよく出会うし、例えば改革を進める上からのお達しでも「何も変えなくて大丈夫。これまでのやり方をやりやすくするためのものです。」という（眉唾な）言葉もよく聞く。

本当にそうなのだろうか？　もちろん、〝これまでのやり方〟にも素晴らしい部分がたくさんある。一方で、本当の本当には、完全にこのままでよくはない、あるいは何かが足りていないから、わざわざ探究学習やワークショップ形式の研修、という考え方が取り上げられ、批判や議論を生みながらも、こうも広がっているのではないだろうか。

いま私たちに求められていることは「なぜ、そうでなくてはならないのか？」という問いに真摯に向き合い、これまでと、ここから先において求められる決定的な違いとは何か？　ということを探求し対話することなのだと思う。その末の結果がどうあれ、この機会を大事に扱うことがここから先に向かううえで不可欠なのだ。「なぜ「正解がない問い」でなければならないのか」。「なぜ「他者との対話」でなければならないのか」。「それだけで足りないとしたら、何が欠けているのか」。本書は、その一端を明らかにし、手がかりをつかんでカタチにし、広く届けることへの挑戦だったのだと、今思う。そのことが、いまの時

代に「学びという営みを本当に大切にするとはどういうことか?」という問いに向き合うことだと、感じていたのだ。本書を通してそのことが少しでも実現できていたら、嬉しく思う。

「はじめに」に書いたとおり、「人知を超えた課題の発生と、人知を勝手に統合してくれるツールの誕生は、あるいは「人間が学ぶことの意味」それ自体を問うている」、そんな時代を、私たちはいま生きている。

人類の歴史を振り返ると、後世に語り継がれる大きな変化が起きる時代がある。そんな時代の転換点に、新たな教育に対する考えを過去の偉人たちが生みだしてきた。『社会契約論』で知られるジャン＝ジャック・ルソーが『エミール』を著したとき、フランス革命以前を生きた彼は「社会を堕落した状態」とし、本来の人間（生まれた瞬間の自然状態）を「善の存在」と定義するところからはじめた。ルソーの影響を強く受け近代教育の父とも呼ばれるヨハン・ハインリヒ・ペスタロッチは「知的、情動的、ならびに感覚的存在」、そして「各個別の特性や能力を有する存在」として人間を定義しなおしたうえで、「経済的自立」も目指しながら教育について語った。あるいは、フランスの歴史学者フィリップ・アリエスは、『〈子供〉の誕生』のなかで、「身体の小さな大人」と考えられていた存在に子供という〝新しい〟概念が生まれ付与されたことを発見し、その後に続く学校教育について論じた。

時代の転換点には、人という存在自体の再定義に知が注がれ、そこを起点に、学びや教育に関する議論が起こるタイミングがある。未来予想は常に困難だが、数十年、あるいはもっと先から振り返って、もしいまがそんな時代だとしたら、「大きく変化した社会、その社会にどんな人材を送り込むべきか？　そのためにはどんな教育が必要か?」という、人的資本論的教育観をもって方法のみが刷新されるのではない、より根本的な議論に真摯に向き合う必要があるはずだ。そのことこそが真に豊かな未来に続いている。

きっと本書を読み進めてくれた方、教育、あるいは研修など学びの場づくりに取り組む方々は、子どもたちはじめ、学びの場に集まる人々の変化や変容、成長を信じる人たちで、つまり、未来を諦めない人なのだと思う。そんな皆さんを心より尊敬している。私たちは、ルソーにもペスタロッチにもなれないけれど、実践とその絶え間ない刷新、そしてそれらを通した知の創造と更新を通して、人間存在自体、学び自体を改めて問い直し、また実践を磨くことで、未来をつくっていくことができる。学びを大切に扱うことが難しい時代と感じるからこそ、そのことから目をそらしたくないと思う。未来をつくれるのは、常にいまを生きる私たちだけなのだから。そんなときには、客観的な評価に怯えて正解に閉じこもるよりも、大胆な仮説と試行錯誤が必要で、そのためには手がかりになる触媒が必要だ。この本がそうなれたら、そして読者の皆さんの試行錯誤の一助になれていたらと願うばかりだ。読んだ皆さんが、本書で示した方法を取り入れながら、さまざまなエッセンスを盛り込んだり、発展させたり、批判したり、問いを投げ込んだりして、学びに関する「問いと対話による学び」の起点にこの本がなれたら、これ以上嬉しいことはない。

この本には、教育と探求社およびティーチャーズイニシアティブで働くなかで得た学びのすべてが詰まっている。特に、教育と探求社社長の宮地さん、ティーチャーズイニシアティブラーニングデザインチームでご一緒させていただいた小田理一郎さん、桑原香苗さん、土屋恵子さん、並木通男さん、後藤卓也さんそれぞれの方からいただいた知恵と経験と対話が、初めての会議で議事録さえまともにとれなかった私にたくさんの学びをくれました。本当にありがとうございました。教育と探求社の社員、特に開発部メンバー、そして学びの場のデザインに関するプロジェクトを共にしてきた社外の皆様にも大きな感謝があります。共に学び、悩み、失敗し、対話し、創ってきた試行錯誤の軌跡が、この本を紡いでくれました。

また、何者でもない僕に出版の機会をくれた学文社落合さん、そして今回の企画を伴走し続け、二冊の本の企画として進めてくれた時事通信社の坂本さんにも心から感謝しています。落合さんの率直で的確なサポートがなければこの本は完成していません。考えや想いを言葉に紡ぎ、世に届けるという素晴らしい仕事に真摯に向きあわれてきたお二人とともにこの企画を進められたことは、私にとって大きな幸運でした。

そして、生み出してきたプログラムで学んでくれた生徒の皆さん、研修を受講してくれた先生や企業人の皆さんの存在がなければ、本書はこの世に存在していません。執筆を始めた２０２３年の夏から約２年、「学びとは何か？」「人はなぜ、いかに学ぶのか？」という問いに向き合い続けるなかで、自分の素朴で浅はかすぎる思い込みに気づき悩んだり、学習衝動への信頼と教育という責任の狭間で揺れ動きながら、どちらかに偏りすぎたときの放任と強要を思い返し、申し訳なく思ったりもしました。それでも、本書を世に出すことに意味があると思い、諦めずに仕上げられたのは偏に、時折届く学んだ子どもたちの声、授業で見る生徒たちの表情、そして研修や講義で出会った受講者や大学生の学ぶ歓びのおかげです。

最後に、「学び」や「探求」に対する真摯な姿勢と未来を諦めない心を母から、社会に対して強く大きく働きかけようとする気概と技術を父から、世界に向き合う繊細さと思いやりを兄からもらいました。出産間もない時期に仕事もしながら夜な夜な執筆に励む私を支え、「あなたの言葉には価値がある」と背中を押し続けてくれた妻、そして「人が学ぶことの可能性と美しさと逞しさ」を目の前で体現し、たくさんの学びと「少しでも豊かな未来を残したい」という想いを芽生えさせてくれた娘に、心から感謝します。

２０２４年11月　家族が寝静まった真夜中の書斎にて

福島　創太

【著者紹介】

福島創太（ふくしま　そうた）

1988年生まれ。株式会社教育と探求社開発部マネージャー、一般社団法人ティーチャーズ・イニシアティブ研修開発責任者、東京大学教育学研究科博士課程在籍（専攻は教育社会学）。
大学卒業後株式会社リクルート入社、人材領域にて商品企画等に従事。その後、東京大学大学院に進学、若者のキャリア形成と、それを規定する社会構造について研究し、修士論文を書籍として出版。同大学博士課程進学と同時に教育と探求社入社、探究学習等の教材開発、企業人向けの研修開発、実施および事業開発等を担当。のべ55万人が学び、現在年間10万人以上の中高生、大学生が学校の授業で受講する探究学習をチームで開発するとともに、社会人研修においては日本を代表する大企業から地域の小規模企業までさまざまな対象に対してワークショップ形式の学びの場をデザインし提供。加えてティーチャーズ・イニシアティブではのべ1000人の教育関係者（教員、管理職、指導主事、教育に関わる社会人）が学ぶ研修をチームと開発、提供。著書に『ゆとり世代はなぜ転職をくり返すのか』（ちくま新書、2017年）、共著に『この先を生む人―「ティーチャーズ・イニシアティブ」の記録』（さくら社、2021年）。

学びをつくる問いと対話のデザイン

2025年３月３日　第１版第１刷発行
2025年８月10日　第１版第３刷発行

著　者　福　島　創　太

発行者　田中　千津子
発行所　株式会社　学　文　社

〒153-0064　東京都目黒区下目黒3-6-1
電話　03（3715）1501（代）
FAX　03（3715）2012
https://www.gakubunsha.com

印刷　新灯印刷㈱

ISBN978-4-7620-3416-9